도서관 교회 이야기

간판도 예배당도 없으나 동네 사람들로 북적이는 교회

세움북스는 기독교 가치관으로 교회와 성도를 건강하게 세우는 바른 책을 만들어 갑니다.

동네 교회 이야기 시리즈 5

도서관 교회 이야기

간판도 예배당도 없으나 동네 사람들로 북적이는 교회

초판 1쇄 발행 2022년 11월 20일
초판 2쇄 발행 2023년 1월 25일

지은이 | 양승언
펴낸이 | 강인구

펴낸곳 | 세움북스
등   록 | 제2014-000144호
주   소 | 서울시 종로구 대학로 19 한국기독교회관 1010호
전   화 | 02-3144-3500
팩   스 | 02-6008-5712
이메일 | cdgn@daum.net

디자인 | 참디자인

ISBN 979-11-91715-56-9 (03230)

동네 교회 이야기 시리즈 5

도서관 교회 이야기

간판도 예배당도 없으나 동네 사람들로 북적이는 교회

양승언 지음

세움북스

추천사

책 이름이 좀 이상합니다. 교회인데 이름이 '도서관'이라고 하니 조금은 의아했습니다. 물론 교회의 이름을 다양하게 지어 부를 수 있습니다. 그런데 왜 하필 도서관교회일까요? 사실 교회의 이름이 '도서관'은 아닙니다. 저자 양승언 목사가 8년 전 개척한 교회의 이미지와 별명 같은 의미입니다. 별명에는 그 교회가 지향하는 목회 철학과 가치관이 담기는 것인데, 이번에 그 별명을 고스란히 녹여 낸 저자의 특이한(?) 책이 출간되었다는 반가운 소식에 기쁜 마음으로 이 책을 추천합니다.

저자와의 만남은 제가 담임했던 강남교회에서 시작되었습니다. 푸르른 청년이던 양승언 목사가 강남교회와 사랑의교회를 거쳐 교회를 개척한다고 했을 때 사실 걱정이 많았습니다. 가장 어렵고 힘들 때 시작한 교회 개척이기 때문입니다. 그렇게 벌써 8년을 맞았습니다.

《도서관 교회 이야기》는 몇 가지 초점에서 의미가 깊습니다. 특별히 앞으로 교회 개척을 꿈꾸는 젊은 목회자들에게 전략이나 방법이 아닌, 어떤 철학으로 하나님 나라를 확장해야 할 것인가에 대한 중요한 길잡이가 될 것입니다. 세 가지 초점으로 글이 이루어져 있습니다. 첫째, 왜 선교적 교회인가? 둘째, 왜 조각보 공동체인가? 셋째, 왜 제자훈련인가?

위의 세 가지 초점이 교회의 비전인 줄 알았더니, 비전을 넘어 이 교회가 존재하는 양식이요 이유였다는 것을 《도서관 교회 이야기》를 읽으면서 알 수 있었습니다. 이 땅에 수많은 교회들을 통해 하나님과 그분의 나라를 드러내고 표현하는 방식이 너무도 다양하고 놀랍다는 생각을 지울 수가 없습니다. 특별히 이 책의 구성과 내용은 한 교회의 성장기를 넘어서 누구나 공감할 수밖에 없는 교회의 본질과 성도들의 시각을 건강하게 잡아 주는 역할을 합니다. 이러한 이유에서 강력히 일독을 권합니다.

📖 **송태근 목사** (삼일교회 담임)

양승언 목사의 《도서관 교회 이야기》는 오늘날 교회가 나아가야 할 방향을 잘 보여 주는 책입니다. 이 책을 읽으면서 마음에 큰 도전과 감동이 있었습니다. 교회가 지역사회를 단순히 전도의 대상으로 보는 것이 아니라 섬겨야 할 사랑의 대상으로 보는 저자의 시각이 귀하고 아름다웠습니다. 왜냐하면 이것이 복음의 정신이기 때문에 그

렇습니다.

예수님께서 이 땅에 오셔서 말구유에서 십자가까지 우리를 위해 자신을 내어 주시는 삶을 사셨고, 그것이 가장 큰 섬김이 됨을 우리에게 보여 주셨습니다. 《도서관 교회 이야기》는 예수님의 자기 비움을 실천하고자 애쓰는 순종의 모습을 보여 줍니다. 포스트 모던 시대에 교회가 어떻게 존재해야 하는지에 대해 좋은 모델을 제시하고 있습니다.

개인주의가 만연해지는 이 시대의 사람들을 위해 가난해지는 삶은 어리석은 것 같지만 가장 풍요로운 삶이자 세상을 변화시키는 능력이 됩니다. 그리고 기독교는 말이 아니라 삶에 그 능력이 있습니다. 복음은 말로 전해지지만, 사람들을 복음으로 인도하는 것은 우리의 삶입니다. 이 책은 바로 이런 정신의 소중함을 깨닫게 합니다. 이런 내용을 담고 있는 이 책을 기쁘게 추천합니다.

이찬수 목사 (분당우리교회 담임)

아무리 건강한 교회라고 해도 30년 이상 지속적으로 영향을 끼치는 경우가 드물다고 합니다. 우리가 경험했던 대부분의 교회들이 그랬습니다. 그러기에 시대마다 요구되는 하나님 나라의 역사에 쓰임 받았던 교회는 새롭게 개척된 교회들이었습니다. 그래서 새롭게 개척되어 쓰임받는 교회 이야기를 들을 때마다 기대감을 갖게 되고 소망이 생깁니다. 다움교회 이야기도 그런 설렘과 소망을 가지고 듣게 됩니다.

요즘처럼 교회에 대해 비판적으로 바라보던 때가 있을까 싶을 정도로 사회적인 시선이 따갑습니다. 그래서 세상을 향해 내놓을 만한 교회를 찾는 마음이 더욱 간절합니다. 우리가 살아가는 세상과 교회가 게토화되어, '그들만의 리그'로 머물지 않고, 시민 사회 속에 매력 있는 모습으로 호기심을 자아내고 감동을 주는 교회가 절실합니다. 《도서관 교회 이야기》는 "부름받은 하나님의 백성, 그리고 보냄받은 그리스도의 제자"로서 균형을 갖춘 교회의 이야기입니다. 특별히 제자훈련으로 내실을 다질 뿐만 아니라 교회 담장을 넘어 지역사회 속에서 미셔널 교회로서의 영향력을 발휘하는 이야기를 구체적으로 들려줍니다.

다움교회가 세상 속에서 행하고 계시는 그리스도를 따라, 세상 속에 보냄받은 교회 공동체로서 우리의 일상생활 속에서 그 제자도를 어떻게 구현하고 있는지를 들려주는 이야기를 함께 나눌 수 있어 행복합니다. 또한 도서관 이야기에 이어서 또 무슨 이야기를 펼쳐 놓을지 궁금해집니다. 앞으로 이 공동체를 통해 펼쳐 가실 주님의 멋진 이야기가 기대가 됩니다.

📖 **김명호 목사** (대림교회 담임)

이상한 교회 이야기가 이 책에 담겨 있습니다. 자기만족과 확장의 문화 속에서 죽고 사라지는 비전을 품은 교회 이야기입니다. 건물도, 간판도, 십자가도 없고, 모임 장소마저 도서관으로 사회에 문을 열어젖힌 교회, 주님의 시선을 따라 다문화 가정, 탈북청소년, 발달장애인을 향한 문턱 없는 교회 이야기가 이 책에 담겨 있습니다.

이상한 교회라 일하는 방식도 이상합니다. 꼼꼼한 조사, 검토, 계획에 의한 체계성이나 효율성보다는 재정의 1/3을 선교한다는 방향만을 가지고서 적시의 필요와 성도의 의견과 은사에 민감하여 미련함과 허술함으로 일한다는 교회 이야기가 이 책에 담겨 있습니다.

이상한 교회의 이상한 방식에는 복음 이야기가 숨을 쉽니다. 세상의 논리가 아닌 예수의 진리로 살아 내려는 제자들의 이야기입니다. 주님의 거룩한 신부이자 강인한 군사로 살아가며 고운 숨소리와 거친 숨소리로 복음을 살아 내는 이야기가 이 책에 담겨 있습니다.

이 이상한 교회가 이 시대를 향한 주님의 이상적 교회는 아닐까요? 주님의 교회를 꿈꾸는 모든 사역자와 성도들에게 《도서관 교회 이야기》를 꼭 소개하고 싶습니다.

📖 김대혁 교수 (총신대학교 실천신학)

저자가 서문에서 인용한 유발 하라리의 말이 맞습니다. "이야기의 힘은 탱크보다 강하다!" 저는 다움교회의 이야기를 들으며 내 목회를 진심으로 반성하게 되었습니다. 우리 교회의 모든 사역의 방향이 우리 교회 자신만을 향했다는 생각이 너무나도 많이 들었기 때문입니다. 《도서관 교회 이야기》는 어떤 질책의 말이 한마디도 없음에도 불구하고, 지역사회와 함께 호흡하며 섬기는 '교회의 낮아짐'과 하나님, 교회 자신, 그리고 세상을 향해 뻗어가는 '교회의 아름다움'을 보여 줌으로써 독자의 자연스러운 반성을 이끌어 냅니다. 도전받고 싶으십니까? 서문과 중간중간 등장하는 성도들의 간증(소감문)이라도 먼저 읽어 보십시오. 자연스레 책 전체를 읽어 나가며 자신도 모르게 도전받고 있을 것입니다!

📖 이정규 목사 (시광교회 담임)

제목 이야기

우리 교회는 개척한 지 8년이 지났지만, 아직 교회 건물도, 간판도, 십자가도 없다. 하지만 지역사회를 위해 도서관을 운영하고 있으며, 재정의 1/3을 세상을 섬기는 데 사용하고 있다. 그래서인지 몰라도 지역사회에는 '다움교회'라는 이름보다는 "학교 강당에서 예배 드리는 교회"나 "도서관을 운영하는 교회"로 알려져 있다. 이런 점에서 '도서관 교회'는 우리 교회의 특징을 가장 잘 보여 주는 이름이다.

지금까지도 답하기 힘든 것은 "교회가 어디에 있느냐?"는 질문이다. 예배를 드릴 때는 학교 강당이 교회이고, 세상을 섬길 때는 도서관이 교회이고, 업무를 볼 때는 사무실이 교회가 된다. 우리가 존재하는 곳이 바로 교회인 셈이다. 교회는 건물이 아니라 사람이라는 성경의 가르침을 생각할 때, 이것이 성경이 말하는 교회의 모습이 아닐까 한다.

이 책에는 우리 교회가 그동안 어떻게 세상을 섬기며 진리를 전하고
자 노력했는지가 담겨 있다. 때로는 무모했지만, 그렇기 때문에 하나
님의 은혜를 더욱 풍성히 맛보았던 시간이었다. 세상의 빛과 소금이
되기 위한 우리의 여정이 하나님 나라를 꿈꾸는 많은 사람들에게 용
기와 영감을 주는 계기가 되었으면 좋겠다.

Prologue
이야기가 힘이다

러시아가 우크라이나를 침공했을 때 역사학자 유발 하라리(Yuval Harari)는 "푸틴이 벌써 전쟁에서 패배한 이유"라는 기고문을 썼다. 당시는 전쟁의 초기였기에 앞으로 전쟁이 어떻게 진행될지 아무도 예측할 수 없었다. 뿐만 아니라 강대국인 러시아의 승리 가능성이 훨씬 높게 점쳐졌고, 현실도 그런 것처럼 보였다. 그럼에도 불구하고 유발 하라리가 푸틴은 전쟁에 이미 패했다고 말한 이유는 무엇일까? 그는 기고문에서 이렇게 말했다.

국가는 결국 이야기에 의해 만들어진다. 하루가 지날 때마다 우크라이나 사람들은 앞으로의 어두운 시대가 끝나고 난 후, 위 세대가 아래 세대에게 전할 이야기를 늘려 나가고 있다. 국가는 이야기들 속에서 태어난다. 그리고 장기적으로 이 이야기들의 힘은 탱크보다 강하다.

러시아는 우크라이나를 없애려고 했지만, 침략에 맨손으로 맞섰던 무명의 영웅들의 이야기를 통해 우크라이나 사람들의 국가에 대한 정체성과 충성심은 오히려 강해지고 있다는 지적이다. 그 결과 전쟁의 성패에 상관없이 우크라이나는 더욱 굳건하게 세워질 것이라고 전망한 것이다. 그만큼 스토리의 힘은 강하다.

이는 교회도 마찬가지다. 우리가 꿈꾸는 하나님 나라 역시 다양한 현실 교회의 이야기를 통해 더욱 풍성해진다. 이런 교회의 이야기는 많은 그리스도인에게 영감을 주고 하나님 나라에 대한 비전을 더욱 튼튼히 세우게 한다. 이런 점에서 모든 교회와 성도의 이야기는 소중하고 가치가 있으며, 이런 스토리 중 하나인 우리 교회의 이야기를 소개할 수 있어 기쁘고 감사하게 생각한다.

교회를 개척하면서 가진 비전은 크게 세 가지였다. 첫째는 선교적 교회였다. 흔히 교회가 선교를 한다고 생각하기 쉽다. 하지만 성경을 자세히 살펴보면 선교적 전망 속에서 교회가 세워졌음을 발견할 수 있다. 선교는 교회가 해야 할 사역 중 하나가 아니라, 교회가 존재하는 이유이자 목적인 것이다. 따라서 교회는 존재하는 순간부터 선교적이어야 한다. 그렇다면 오늘날 교회의 모습은 어떨까? 하나님께서 주신 선교라고 하는 소명을 충실히 감당하고 있을까? 이에 대해 자신 있게 답할 수 없는 것이 우리의 현실이다.

이런 점에서 어떻게 하면 선교적인 교회를 세울 수 있을지 고민했고, 이러한 노력의 결과로 나타난 대표적인 사역이 도서관이었다. 우리 교회의 경우, 개척한 지 8년이 지났지만 아직까지 교회 간판도, 십자 가도, 제대로 된 예배 공간도 없다. 하지만 지역사회를 섬기기 위한 도서관을 운영하고 있으며, 재정의 1/3을 세상을 섬기기 위해 꾸준 히 사용하고 있다. 따라서 이 책 1부에서는 도서관 사역을 중심으로 어떻게 선교적 공동체를 세워 가고자 했는지, 이를 통해 얻은 교훈은 무엇인지에 대해 나누고자 한다.

두 번째 비전은 **조각보 공동체**였다. 다양한 천을 모아 만든 조각보처 럼, 하나님의 교회는 한두 사람이 아닌 다양한 성도들의 참여와 헌 신으로 세워져야 한다. 이것이 하나님께서 원하는 공동체의 모습이 며, 세상과 다른 하나님 나라 공동체만이 갖는 독특한 힘과 아름다움 의 상징이라고 믿는다. 안타깝게도 오늘날 많은 성도가 주체가 아닌 객체로, 주인공이 아닌 구경꾼으로, 참여자가 아닌 소비자가 되어 가 고 있다. 따라서 어떻게 하면 모든 성도들이 교회의 주체이자 주인공 이 될 수 있을지 고민했고, 이런 고민은 '조각보 공동체'라는 비전으 로 나타났다. 우리 교회는 교회 요람이나 제대로 된 조직도 하나 없 지만, 모두가 각자 받은 은사에 따라 함께 섬기고 있다. 또한 이런 조 각보 공동체의 비전은 다움부와 이웃사랑 기금, 소그룹 사역으로 나 타났다. 따라서 이 책 2부에서는 이들 사역을 중심으로 어떻게 조각보 공동체라는 비전을 이루고자 했는지를 다루게 될 것이다.

세 번째 비전은 제자훈련이다. 교회를 개척하기 전 13년간 사랑의교회 국제제자훈련원에서 사역을 했다. 옥한흠 목사를 비롯한 많은 선배 목회자들에게서 제자훈련 목회 철학에 대해 배웠고, 사랑의교회를 중심으로 여러 목회 현장을 통해 제자훈련의 열매를 직간접적으로 확인할 수 있었다. 결국 교회의 가장 중요한 사명은 사람을 세우는 것이며, 이는 예수님께서 우리에게 보여 주신 모범이었다. 다만 제자훈련 역시 시대의 산물로서, 철학과 정신은 유지하되 형식은 시대에 맞게 끊임없이 변화해야 한다. 교회 개척을 하면서 다양한 양육과 훈련 사역을 시도할 수 있었고 여러 면에서 유익이 컸다. 따라서 이 책 3부에서는 어떻게 하면 새로운 시대에 걸맞은 제자훈련을 실천할 수 있을지에 대한 고민을 나누고자 한다.

물론 이 책에서 다루는 내용들은 여전히 현재 진행 중이며 미완성된 이야기다. 따라서 어떤 모델이나 모범을 제시하기 위해 쓴 글이 아니다. 다만 우리 교회의 경험을 나눔으로 서로에게서 배우며 함께 성장할 수 있는 기회가 되었으면 좋겠다.

또한 이 글은 혼자서 쓴 것도 아니다. 교회를 세우기 위해 수많은 성도의 수고와 헌신이 있었고, 그들이 흘린 땀과 눈물의 이야기를 기록한 것이다. 이를 위해 현장에서 직접 경험했던 사람들의 이야기를 함께 실어 이해를 돕고자 했다. 그동안 교회를 위해 기도하며 헌신해 온 모든 분에게 감사의 마음을 전한다.

끝으로 긍정적인 부분만을 부각하는 실수를 범하진 않았는지 염려가 된다. 모든 교회가 그렇듯이 우리 교회 역시 교회를 세워 가는 과정 중 많은 어려움과 아픔이 있었다. 이런 내용들을 글로 전부 담을 수는 없지만, 우리 교회를 더욱 건강하게 만드는 은혜의 시간이었음은 분명하다고 믿는다.

그럼 여전히 갈 길은 멀지만 모르고 가는 길이라 은혜가 컸던 우리 교회의 이야기를 시작하고자 한다.

Contents
차례

제1부 선교적 공동체

| 왜 선교적 교회인가 |

하버드 대학교의 랭거(Ellen Langer) 교수는 '양보'를 주제로 한 가지 실험을 했다. 도서관에서 복사를 하기 위해 줄을 서 있는 사람들을 대상으로, 늦게 온 사람이 앞사람에게 양보해 달라고 부탁한 것이다. 처음에는 "죄송합니다. 제가 먼저 복사를 하면 안 될까요?"라며 부탁했다. 그러자 60%의 사람들이 양보를 했다. 다음으로 "죄송합니다. 제가 먼저 복사를 하면 안 될까요? 왜냐하면 아주 급한 일이 있거든요."라며 부탁하자, 94%의 사람들이 양보를 하게 된다. 이유를 설명하자 양보하는 비율이 훨씬 늘어난 것이다.

그런데 랭거 교수는 재미있는 실험을 한 가지 더 실시했다. "죄송합니다. 제가 먼저 복사를 하면 안 될까요? 왜냐하면 지금 복사를 해야 하거든요."라며 부탁했다. 신기하게도 엉터리 이유를 말했음에도 93%의 사람들이 양보를 하게 된다. 옳고 그름을 떠나 이유가 있다는 사실만으로도 많은 사람들이 양보를 한 것이다. 그만큼 사람들의 판단과 행동에 있어서 이유는 중요하다. 이런 점에서 선교적 교회를 세우고자 하는 이유에 대해 먼저 살펴보는 것이 도움이 될 것 같다.

20세기 가장 사랑받는 기독교 상담자로 널리 알려진 폴 트루니에(Paul Tournier)는 이렇게 말했다. "사람이 혼자 할 수 없는 것이 두 가지다. 하나는 결혼이고, 다른 하나는 기독교인이 되는 것이다." 공감이 되는 말이다. 공동체는 신앙생활에 있어 필수적이다. 교회가 없이는 신앙의 기쁨도, 영적인 성장과 성숙도 맛볼 수 없다. 그래서 종교개혁자 칼빈의 경우 교회를 '성도의 어머니'에 비유하기도 했다. 따라서 교회에 대해 배우고 바른 교회관을 갖는 것은 그리스도인에게 매우 중요하다.

그렇다면 교회는 어떤 곳일까? 누군가 우리에게 교회가 무엇인지 묻는다면 어떻게 답할 수 있을까? 이에 대해 다양한 답이 가능하다. 어떤 사람은 예배하는 곳이라고 답할 수도 있고, 어떤 사람은 상처받은 사람들을 치유하는 곳이라고 답할 수도 있다. 그런데 무엇보다도 성경이 교회에 대해 무엇이라고 말하는지 알아야 한다. 왜냐하면 교회를 세우신 분은 하나님이시기 때문이다. 하나님께서 교회를 세우신 목적과 계획을 제대로 이해할 때 우리는 바른 교회관을 갖고 신앙생활을 할 수 있다.

성경에는 교회를 가리키는 용어와 비유와 상징이 100가지 이상 기록되어 있다. 그 가운데 가장 일반적으로 사용되는 용어는 '에클레시아(εκκλεσια)'라는 헬라 말이다. 에클레시아라는 말은 '하나님의 택함을 받은 사람들의 모임'이라는 뜻이다. 교회는 하나님의 부르심을 받아 하나님의 자녀가 된 사람들의 모임을 의미한다. 우리는 원래 죄와 허물로 죽을 수밖에 없는 존재였으나, 하나님의 택하심을 받아 하나님의 자녀가 되는 놀라운 특권을 누리게 되었다.

그런데 이런 교회의 정의에는 지상 교회만이 갖고 있는 독특한 소명이 빠져 있다고 할 수 있다. 하나님은 하늘나라가 아니라 이 땅에 교회를 세우셨다. 믿는 순간 성도를 하늘나라로 데려가지 않고 세상에 남겨 두신 것이다. 그렇다면 왜 교회를 세상에 남겨 두셨을까? 그것은 이 땅에서 교회가 감당해야 할 소명이 있기 때문이다. 하나님께서는 교회를 통해 세상을 구원하길 원하신다. 따라서 교회가 이 땅에 존재하는 이유는 하나님의 도구가 되어 세상을 구원하기 위함이라고 할 수 있다.

언젠가 우리는 하늘나라에 가게 될 것이다. 그곳에서 우리는 하나님을 예배하고 성도의 교제를 나누며 그리스도를 닮아 가게 될 것이다. 그런데 하늘나라에서는 할 수 없는 일이 있다. 그것은 믿지 않는 사람들에게 복음을 전하고 하나님께로 인도하는 것이다. 왜냐하면 하나님 나라는 완성되었기 때문이다. 더 이상 믿지 않은 사람들에게 복음을 전할 수 없는 것이다. 이런 점에서 선교(전도)는 지상 교회만이 감당할 수 있는 독특한 사역이라고 할 수 있다.

흔히 교회가 선교를 한다고 생각하기 쉽다. 하지만 선교의 주체는 하나님이며, 선교적 전망 속에서 교회를 세우셨음을 성경에서 발견할 수 있다. 이런 점에서 선교는 교회가 행해야 할 다양한 사역 중 하나가 아니라(이런 관점에서 보면 선교는 선택 사항이며, 할 수도 있고 그렇지 않을 수도 있다), 교회가 존재하는 목적이자 이유인 것이다. 따라서 교회는 존재하는 순간부터 선교적이어야 하며, 교회가 행하는 모든 사역과 활동의 중심에는 선교가 자리 잡고 있어야 한다. 교회는 세상으로부터 부르심을 받았지만 동시에 선교적 소명을 위해 세상으로 보냄받은 사람들의 모임인 것이다. 이런 점에서 어떻게 하면 선교적 교회를 세울 수 있을지에 대한 고민을 갖고 교회를 개척하게 되었다.

| 재정의 1/3을 선교에 사용하다 |

처음 교회를 개척하면서 세웠던 원칙 중 하나는 재정에 대한 것이었다. 예수님은 "네 보물이 있는 곳에 네 마음이 있다"라고 말씀하셨다(마 6:21). 지갑은 우리가 무엇을 중요시 여기는지를 단적으로 보여 준

다. 우리가 소중히 여기는 가치가 무엇이며 우리의 지향점이 어디에 있는지는 지갑을 보면 알 수 있다. 그러므로 교회 재정을 어디에, 어떻게 사용하는지는 중요한 문제라고 할 수 있다. 그럼 교회 재정을 어떻게 사용해야 할까? 이와 관련해 주목한 것은 하나님께서 교회를 세우신 목적이었다. 하나님께서 교회를 세우신 목적에 맞게 재정을 사용한다면 하나님께서 기뻐하시는 공동체가 될 것이라고 생각했다.

하나님께서 교회를 세우신 목적은 크게 세 가지로 구분할 수 있다.

> 첫째, 교회는 하나님을 위해 존재한다. 하나님께서는 자신의 이름을 위하여 자신의 백성들을 불러 모으셨다. 따라서 교회의 첫째 의무는 하나님을 예배하는 것이다.
>
> 둘째, 교회는 세상을 구원하기 위해 존재한다. 교회는 예수님의 증인으로서 세상에 보냄받은 성도들의 모임이다. 그러므로 땅끝까지 복음을 전하는 것은 세상을 위해 교회가 감당해야 할 가장 중요한 의무다. 그리스도의 손과 발이 되어 세상을 섬기며 복음으로 세상을 변화시켜 나가야 한다.
>
> 셋째, 교회는 교회 자체를 위해 존재한다. 교회는 성도들을 성숙한 신앙인으로 양육하는 어머니의 역할을 감당할 책임이 있다. 교회가 영적인 건강을 유지하지 못하고 그리스도인들이 어린아이 신앙에 머문다면 하나님께서 주신 소명을 제대로 감당할 수 없을 것

이다. 따라서 교회는 성도를 양육하고 훈련하는 일을 게을리해서
는 안 된다.

이상의 세 가지 목적에 맞춰 교회 재정을 예배와 선교, 훈련에 1/3씩
나누어 사용하기로 했다. 사실 개척 초기에는 재정 규모도 적었고 넉
넉한 편도 아니었다. 그래서 흔히 '스스로 존립할 수 없다'는 의미에
서 미자립 교회라고 부른다. 따라서 재정의 1/3을 선교에 사용한다
는 것은 결코 쉬운 일이 아니었고, 다른 부분의 비용 절감 없이는 이
원칙을 지키기가 어려웠다. 게다가 당장 필요한 것들도 많았고 앞으
로 어떻게 될지도 모르는 상황이었다. 학교 강당을 임시로 빌려 예배
드렸기 때문에 예배 공간조차 안정되지 않았다. 그래서인지 몰라도
교회를 먼저 든든히 세운 후에 선교를 하는 것이 지혜로운 방법이라
는 생각이 들기도 했다.

하지만 처음부터 원칙을 지키지 않는다면, 재정 규모가 커져도 지키
지 못할 것이라는 생각을 들었다. 교회의 DNA가 형성되는 시기인데,
이 시기를 놓치면 나중에는 더욱 힘들 것 같았다. 실제로 교회가 재
정적으로 어려움이 있을 때 제일 먼저 선교 관련 지출을 삭감하는 것
이 현실이기도 했다. 재정이 넉넉할 때만 세상을 섬기고자 한다면 어
쩌면 우리는 결코 세상을 섬길 수 없을지도 모른다. 재정은 대부분의
경우 부족하기 때문이다. 따라서 처음부터 이 원칙을 지키고자 노력

했고, 그 결과 세상을 섬기는 일을 꾸준히 감당할 수 있었다.

2011년 9월에 〈철가방 우수 씨〉라는 영화가 상영된 적이 있다. 이 영화는 '김우수'라는 실존 인물의 삶을 영화화한 것으로, 주인공 역을 맡은 배우 최수종을 비롯해서 배우 김수미, 가수 김태원, 작가 이외수, 디자이너 이상봉 등 많은 이들의 재능 기부로 제작되었다. 제작비 역시 후원으로 이루어졌고, 〈철가방을 든 천사〉라는 어린이들을 위한 동화책으로 만들어지기도 했다. 그만큼 김우수 씨의 삶은 많은 사람에게 영향력을 주었던 것이다.

그런데 김우수 씨는 세상적으로 볼 때는 특별한 인물은 아니었다. 초등학교 중퇴에 방화범으로 교도소까지 다녀온 평범한 중국집 배달원이었다. 그런데 어려운 형편 중에도 어린이 재단을 통해 꾸준히 아이들을 후원하게 된다. 가족이 없이 쪽방에 혼자 살면서 월급 70만 원으로 다섯 명의 어린이를 돕고, 4천만 원의 생명 보험금까지 어린이 재단 앞으로 돌려놓은 상태에서 세상을 떠났다. 물론 그가 후원한 돈은 절대적으로 큰 금액은 아니다. 하지만 상대적으로 그 가치가 얼마나 큰 것인지 알았기에 많은 이들이 감동을 받았던 것이다.

규모는 세상을 섬길 때 중요한 문제가 아닐지 모른다. 규모는 더이상 사람들에게 감동을 주지 못한다. 오히려 어떤 마음으로 어떻게 섬기고 있는지가 중요하다. 예수님께서 부자가 드린 많은 재물보다 가난한 과부의 두 렙돈을 칭찬하신 이유도 이 때문이었다(막 12:38~44). 예수님은 단순히 양이 아니라 어떤 형편 중에 어떤 마음으로 드렸는지를 더 중요하게 여기셨다. 따라서 규모에 상관없이 모든 교회는 세상을 섬기며 세상에 감동을 줄 수 있다고 생각한다. 어떤 상황에서도 진심으로 세상을 섬기기 위해 노력한다면, 하나님께서 기뻐하시고 세상에도 영향력을 미칠 수 있을 것이다. 세상은 온통 돈 이야기로 가득 차 있다. 돈으로 모든 것을 판단하는 세상 속에 교회는 존재한다. 따라서 교회 역시 지갑에서부터 세상과 다름을 보여 줄 수 있어야 한다.

우리 교회는 개척한 지 8년이 지났지만 가진 것이 많지 않다. 예배도 학교 강당을 빌려 드리고 있으며, 교회 명의로 된 건물과 같은 재산도 없다. 매월 재정보고를 보면 어느 달에는 수입보다 지출이 더 많을 때도 있고, 재정이 넉넉하지 않아 내일이 늘 염려되는 것도 사실이다. 그렇다면 우리 교회가 가난한 교회일까? 그렇지 않다고 믿는다. 왜냐하면 세상을 섬기는 부요함을 누리고 있기 때문이다. 교회가 세운 원칙에 따라 힘써 세상을 섬기고 있으며, 이를 통해 바울의 고백처럼 "가난한 자 같으나 많은 사람을 부요하게 하는"(고후 6:10) 교회가 될 것이라는 소망을 갖고 있다.

교회 조직 또한 예배, 선교, 훈련이라는 세 가지 목적에 맞추어 구성했다. 지갑과 더불어 달력은 우리가 무엇을 소중히 여기며 어디로 가고 있는지를 잘 보여 준다. 이렇게 세 가지 목적에 맞게 조직과 사역을 구분하자, 우리 교회가 어디에 얼마나 많은 자원과 에너지를 투자하고 있는지 손쉽게 파악할 수 있었다. 이를 통해 부족한 부분은 보충할 수 있었고, 교회 내 사역이 균형 있게 전개하도록 할 수 있었다. 덕분에 객관적인 데이터를 가지고 선교적 소명을 게을리하지 않도록 할 수 있었다.

이렇게 재정 원칙을 지키면서 느낀 점이 한 가지가 더 있다. 한 개인이 수입의 1/3을 세상을 섬기는 데 사용할 수 있을까? 아마도 쉬운 일만은 아닐 것이다. 하지만 공동체에서 함께할 때 가능할 수 있었다. 이것이 공동체가 갖는 힘이라고 생각한다. 두 사람이 한 사람보다 낫다는 하나님의 말씀처럼(전 4:9) 공동체는 개인보다 강하다. 공동체로 함께할 때 더 많은 일들을 행할 수 있으며, 하나님께서 공동체를 주신 이유도 이 때문이다. 안타까운 현실은 반대인 경우가 많다는 점이다. 개인에게는 선교적인 삶을 살도록 가르치지만, 정작 교회는 그렇지 못한 것이다. 오히려 교회가 먼저 모델이 될 때, 개인 역시 교회의 모범을 따라 세상 속에서 선교적 삶을 개척해 갈 수 있을 것이다. 이런 점에서 선교적 삶은 선교적 교회를 세우는 것에서부터 시작된다고 볼 수 있다.

| 도서관 사역을 시작하다 |

오늘날 교회의 영향력은 점차 줄고 있으며, 이를 부인하는 사람은 없을 것이다. 그 결과 복음 전도의 문 역시 점점 닫히고 있는 것이 현실이다. 이런 현상이 일어나는 이유는 무엇일까? 여러 가지 원인이 있겠지만 가장 중요한 이유는 우리 자신에게 있을지 모른다. 그리스도인들이 복음 전파에 어려움을 겪는 원인은 복음 자체가 감동적이지 않기 때문이 아니다. 오히려 교회가 감동적이지 못하기 때문이다. "예수님은 좋지만 교회는 다니기 싫다."고 하는 사람들이 점점 늘어나고 있는 이유도 이와 무관하지 않다. 그럼 어떻게 해야 할까?

복음을 가지고 사람들에게 다가가는 가장 효과적인 방법은 실질적인 섬김의 행위를 통하는 것이다. 진실하고 열정적인 섬김은 우리가 전하는 복음에 대한 신뢰를 갖도록 돕는다. 진리를 전하려면 먼저 진리를 보여 주어야 한다. 이는 예수님께서 보여 주신 모범이었다. 인간의 몸을 입고 이 땅에 오신 예수님은 사람들을 섬기셨고 필요가 있는 자들을 도우셨다. 그때 사람들은 예수님의 말씀에 귀를 기울였다. 몇몇 사람들은 예수님을 죄인과 어울린다고 비난했지만, 예수님은 그들의 집에 들어가서 그들과 함께 먹고 마시셨다.

처음 교회를 개척할 때는 학교 강당을 빌려 주일 예배만 드렸다. 학교와 장기 계약을 맺은 것도 아니었고, 매월 신청해서 주일에만 임시로 빌려 예배를 드렸다. 게다가 주중에는 학교 공간을 빌릴 수 없었기에 주중 모임도 가질 수가 없었다. 사무실도 없어서 교회 근처 카페를 전전했던 기억이 난다. 이렇게 몇 달을 지내다가 겨우 주중 모임 공간을 마련했다. 그런데 그때 "교회를 위한 공간은 있는데, 세상을 위한 공간은 어디 있느냐"라는 생각을 주셨다. 예배와 훈련을 위한 공간은 있었는데, 선교를 위한 공간은 없었던 것이다. 선교적 교회의 비전을 품고 교회를 개척했는데, 정작 선교를 위한 공간이 없었기에 마음의 부담이 컸다.

이런 마음을 성도들과 나누던 중 지역 사회를 위한 도서관을 설립하기로 했다. 사실 교회가 도서관을 운영하는 것은 보편적인 일은 아니다. 다만 지역사회의 필요가 무엇인지 고민하다가, 인근에 초등학교가 많았기에 아이들이 자유롭게 와서 공부할 수 있는 공간이 제공되면 좋겠다는 생각을 주셨다. 또한 도서관은 독서실과는 달리 사람 사이의 만남이 이루어지는 공간이 될 수 있을 것이라는 기대감이 있었다. 책을 매개로 사람들을 만나 서로의 생각과 삶을 나누며 자연스럽게 진리로 인도할 수 있을 것이라고 생각했다.

실제로 공공 도서관이 잘 발달된 경우 지역사회 문화의 구심점으로서 역할을 하는 경우가 많다. 우리 사회도 공공 도서관을 지역 내 복합 문화 공간으로서 자리매김하려는 노력이 다양하게 시도되고 있다. 초창기 한국 교회는 가난으로 찌든 한국 사회에 빵을 제공했으며, 경제성장기에는 문학의 밤과 같은 행사를 통해 청소년들의 문화를 주도했다. 과거에 비해 경제적으로나 문화적으로 풍요로워진 한국 사회에 교회는 무엇으로 섬길 수 있을까? 세상이 줄 수 없는 진리와 인격적 만남의 장을 제공하는 것이 하나의 방안이 될 수 있을 것이다.

지역사회 섬김에 있어 중요한 요소 중 하나는 지역사회의 필요를 파악하는 것이다. 그렇다면 어떻게 지역사회의 필요를 파악할 수 있을까? 이를 위한 여러 가지 방법이 있을 수 있다. 지역 내 존재하는 여러 데이터를 활용하거나, 관공서 사람이나 지역 주민을 인터뷰하는 방법도 있을 것이다. 그런데 지역사회의 필요를 파악하는 가장 효과적인 방법은 우리 자신에게 질문하는 것이다.

"우리 지역 사회에 무엇이 필요할까요?"라고 누군가 질문한다면 어떻게 답할 수 있을까? "글쎄요. 범죄율이 늘었으면 좋겠어요. 아이들 학력 수준도 낮아지면 좋겠고요. 환경 오염도 심해지고, 노숙자들도 늘었으면 좋겠어요."라고 답하는 사람은 아마 없을 것이다. 즉 지역의 필요에 대한 세상 사람들의 관점은 우리(성도)와 동일하다. 자신이 속한 지역사회에 대한 바람을 생각해 보라. 아마 대부분은 지역 주민의 생각과 일치할 것이다. 물론 우리에게는 세상과 다른 영적인 열망이 있다. 지역사회에 복음이 전파되고 지역사회 문화가 기독교적으로 변하길 원한다. 이런 영적 열망을 제외하고는 세상 사람들이나 믿는 성도나 같은 바람을 갖고 있다. 따라서 우리 자신에게 질문해 보면 보다 쉽게 지역사회의 필요를 발견할 수 있다.

그렇다면 도서관은 지역사회의 필요에 잘 맞았을까? 코로나19 직전까지 우리 교회가 운영하는 도서관의 회원 수는 500명이 넘었으며, 이용자 수는 봉사자까지 합쳐서 월평균 600명 가까이 되었다. 많은 분들이 도서관을 이용하고 있으며, 그만큼 지역사회의 필요에 맞는 사역임을 확인할 수 있었다.

가끔 도서관 홍보를 어떻게 했는지 묻는 경우가 있다. 처음 도서관 사역을 시작할 때, 지역사회에 특별한 홍보나 광고를 하지 않았다. 어디에 어떻게 광고를 해야 할 지 알 수도 없었고, 처음 시작하는 사역이다 보니 처음부터 많은 사람들이 오는 것이 부담되었다. 그럼에도 불구하고 많은 분들이 도서관을 찾아왔다. 어떻게 알고 찾아왔는지 의아하기도 했다. 나중에 안 사실이지만 도서관을 방문했던 어머니들이 자발적으로 주변에 소개도 하고, 학부모들이 사용하는 단체 대화방에 도서관 안내를 올리기도 했다고 한다. 그만큼 도서관을 좋아해 주셨고, 별다른 홍보 없이 자리 잡을 수 있었다.

지난 여름이었습니다. 자주 다니던 길에 건물이 공사를 하고 있었습니다. 저는 유년 시절부터 결혼해서 지금까지 강남구 일원동에서 32년째 살고 있습니다. 오랫동안 살다 보니 성격적으로 호기심이 많아 그럴수 있겠지만, 동네의 변화에 대해 관심이 많은 편이었습니다. 그런데 저 뿐만 아니라 이 앞을 지나다니던 동네 사람들도 공사에 대해 다들 궁금해했습니다. 그러나 정보를 아는 사람이 없었습니다. 얼마의 시간이 흘러 영어도서관 간판이 걸렸습니다. 동네 언니가 먼저 영어도서관에 다녀와서 알려 주었습니다. 회원 등록을 하면 무료로 도서관을 이용할 수 있다고 합니다.

우리 동네는 공간적인 문제도 있겠지만 누군가 선뜻 나서는 사람이 없어서 아이 키우는 엄마로서 어린이를 위한 도서관이 있으면 좋겠다는 갈급함은 있었습니다. 아이를 데리고 처음 영어도서관에 들어갔을 때 화려하거나 넓진 않지만, 도서관에 있을 만한 것들을 축소해 놓은 느낌이었습니다. 다양한 영어책들과 시청각 자료, 방송 장비까지 누가 이걸 무료로 지역 아이들에게 해 놓은 것인지 몰랐습니다. 여러 번 가면서 도서관에 계신 선생님께 물어봤더니 다움교회에서 운영하는 것이라고 하더군요. 선한 생각을 가지고 지역사회를 섬기는 다움교회에 대해 호감을 갖고 인터넷으로 어떤 교회인지 찾아보았습니다.

사실 작년에 개인적으로 힘든 시기를 겪고 있었습니다. 그렇게 방황하고 있던 순간에 영어도서관을 만난 것입니다. 틈틈이 인터넷을 통해 목사님의 설교를 들으면서 마음의 위로를 받았고, 주님 앞으로 조금씩 다가가고 있는 저를 발견하게 되었습니다. 다움교회의 선한 생각과 영향력이 영적으로 방황하고 있는 저를 주님 앞으로 다시 나오게 하고 있었습니다. 그리고 새로운 마음가짐으로 새해를 시작하고 싶어서 저희 가족이 새해 첫날부터 다움교회 예배에 참석하게 되었습니다.

| 도서관을 위한 공간을 마련하다 |

지역사회를 위한 도서관을 설립하기로 하고 도서관을 위한 공간을 찾았다. 하지만 마땅한 장소가 나타나지 않았다. 일반적인 사무 공간과는 달리 도서관은 고려해야 할 요소가 많았다. 조용한 곳으로, 주변 환경도 건전하고, 부속 교육 공간도 필요하고, 되도록 1층이면 좋겠다는 생각이 들었다. 여러 조건들을 고려하여 도서관 공간을 찾다 보니 적합한 공간이 없었다. 그러다가 가장 적합한 장소 하나를 발견하였다. 그곳은 다름 아닌 당시 교회가 주중 모임 공간으로 사용하던 곳이었다.

어떻게 할지 고민이 되었다. 사실 그동안 주중 모임 공간이 없어 여러모로 어려움이 많았다. 무엇보다도 주일 예배 외에는 성도들이 교제 나눌 장이 없기에 공동체성 형성에 어려움을 겪었다. 그런데 또다시 주중 모임 공간을 도서관으로 사용하는 것이 쉽지 않았다. 하지만 "너희가 가진 것을 먼저 내놓지 않겠냐?"고 하나님께서 말씀하는 것 같았다. 선교적이라는 것은 결국 무엇보다도 선교가 우선시되어야 하는 데, 우리는 그렇게 행하고 있는지 물으시는 것 같았다. "아무리 세상을 섬기는 것이 좋지만, 우리가 모일 공간조차 없는데 어떻게 해요?"라고 반문하고 싶었다. 하지만 고심 끝에 주중 모임 공간을 도서관으로 사용할 것을 제안했고, 성도들도 기쁘게 동의해 주었다.

도서관 공간을 마련하면서 무엇보다 감사한 것은 교회 내 선교 지향적 문화가 생겼다는 점이다. 우선 하나님께서 우리에게 무엇인가를 은혜로 주시면, 우리도 세상을 위해 나누는 문화가 생겼다. 교회는 복의 통로로 부름을 받은 사람들의 모임이다. 따라서 하나님께서 주신 것을 세상에 유통시킬 책임이 있다. "고인 물은 썩는다."라는 말이 있다. 물의 순환이 이루어지지 않고 장기간 고여 있으면 정화가 되지 않고 오염되는 현상을 말한다. 하나님께서 주신 은혜도 마찬가지다. 유통시키지 않고 쌓아만 둔다면, 결국 우리 자신을 망치게 할 것이다. 따라서 하나님께서 우리에게 무엇인가를 주시면 반드시 우리도 세상에 나눈다는 나름의 원칙을 세웠다. 처음 개척 예배를 드렸을 때 감사한 마음으로 필리핀 대학생 후원을 시작했고, 주중 사역을 시작했을 때 탈북 청소년들을 돕는 사역을 시작했다. 그리고 주중 모임 공간이 생기자 지역사회를 위한 도서관을 설립하게 된 것이다.

다음으로 섬김과 나눔을 우선시하시는 문화가 생겼다. 누군가를 섬기기 위해서는 우리 손이 먼저 비어 있어야 한다. 무엇인가를 손에 쥐고서는 다른 사람을 섬길 수는 없다. 오히려 다른 사람의 발을 씻기고자 할 때 우리의 손 역시 깨끗해지게 된다. 주중 모임 공간을 도서관으로 사용하기로 결정한 과정을 통해 우리보다 세상을 먼저 생각하고 섬김과 나눔을 앞세우는 문화가 자리잡을 수 있었다. 이는 이후 교회 사역의 중요한 토대이자 가치가 되었다.

최근 코로나로 인해 대부분의 사역이 위축될 수밖에 없었다. 그런데 감사하게도 우리 교회의 경우 코로나 기간 중 선교 관련 지출이 양적으로나 비율적으로나 증가했다. 물론 이는 우리 교회만이 가진 독특한 상황에서 기인한 것이기도 했다. 학교 강당에서 예배를 드리다 보니, 대면 예배를 드리지 않는 기간 동안 임대료를 절약할 수 있었다. 이렇게 절약된 비용을 어떻게 사용할까 고민하다가 세상을 섬기는 데 사용하기로 결정했다. 물론 코로나로 인해 여러 면에서 불안정한 때라 쉬운 결정은 아니었다. 하지만 모두가 힘든 시기이니 오히려 교회가 더욱 세상을 섬겨야 한다는 것에 성도들의 마음이 모아졌다. 이는 개척 초기부터 수립된 선교를 우선시하는 문화 덕분이었다.

처음 코로나가 발발했을 때 코로나로 인해 피해를 입은 대구 지역을 도울 방법을 찾았다. 어떻게 도울지 고민하다가 대구에 있는 지역 교회와 협력해서 섬기기로 했다. 지역사회의 필요를 정확히 파악하고 실질적인 도움을 제공할 수 있는 곳이 지역 교회이기 때문이었다. 또한 지역 교회와 협력했을 때 지속적인 섬김과 복음 증거가 가능할 것이라고 생각했다. 교회마다 하나님께서 주신 자원이 다르며, 이렇게 교회가 서로의 자원을 연합할 때 세상에 보다 선한 영향력을 행사할 수 있을 것이다.

또한 코로나 기간 중 일본 교회와 아프리카 선교 후원을 새롭게 시작할 수 있었다. 우리 교회의 경우 개척한 후 지금까지 특별한 목적으로 헌금을 모금한 적이 없었다. 뿐만 아니라 추수감사, 성탄, 부활절 등과 같은 절기헌금조차 없었다. 그런데 우크라이나 전쟁이 터진 후 처음으로 우크라이나 후원을 위한 헌금을 모금했다. 교회에서 처음 실시한 목적헌금이 세상을 위한 것이라는 사실에 뿌듯함이 있었다. 이렇게 모금한 헌금 역시 현지의 선교사들에게 전달하여 실질적인 도움이 이루어지도록 했다.

| 열매가 없으면 어떻게 하나요? |

도서관을 시작하면서 특별히 영어도서관을 운영하기로 했다. 주변에 일반적인 독서실이나 도서관이 존재했기에 차별된 도서관이 되었으면 좋겠다는 바람이 있었다. 영어 도서의 경우 개인이 다양한 책들을 구비하기 어렵다는 점을 고려했고, 지역 주민들에게 교육적인 면이나 경제적인 면에서 도움이 될 것이라고 생각했다. 물론 처음 시작하는 사역이라(실제로 영어도서관을 운영하는 교회는 거의 없었다.) 걱정이 된 것도 사실이었다. 무엇보다도 교회에서 적잖은 자원을 투자하고 헌신하는 데 열매가 없을까 염려가 되었다. 이는 새로운 사역을 전개할 때마다 늘 부딪힐 수밖에 없는 고민이기도 하다. 실제로 도서관에 관심이 있어 방문했던 분들이 자주 던지는 질문이었다. 이런 염려가 들었을 때 확신을 준 것은 '한 사람 철학'이었다.

신약 성경을 보면 예수님의 관심과 사역의 초점이 늘 한 사람에게 맞춰져 있음을 발견할 수 있다. 대표적인 예는 누가복음 15장의 가르침이다. 목자는 잃어버린 한 마리의 양을 찾기 위해 99마리의 양을 들에 남겨 둔 채 떠난다. 어쩌면 이는 비효율적으로 보일지 모른다. 한 마리를 위해 99마리를 포기하는 것처럼 보이기 때문이다. 하지만 한 마리의 양을 돌보지 못하는 목자는 결코 99마리의 양 역시 돌볼 수 없다. 한 사람을 사랑하지 못한다면, 더 많은 사람들을 사랑하고 섬길 수 없는 것이다. 따라서 중요한 것은 우리가 섬기는 사람의 많고 적음이 아니라, 한 사람을 진심으로 사랑하고 섬길 수 있는지에 있다.

예수님은 온 세상을 구원하기 위해 이 땅에 오셨다. 그렇다면 가능한 많은 사람들에게 복음을 전하고 그들을 구원의 길로 인도해야 하는 것이 효과적일 것이다. 하지만 예수님은 그렇게 하지 않았다. 오히려 예수님은 12명의 소수의 제자들을 양육하고 훈련하는 데 집중하셨다. 우리 시대로 말하자면, 예수님은 나사렛이라는 시골 동네에서 성도가 12명밖에 되지 않는 작은 교회의 담임목사로 섬기신 것이다. 그렇다면 예수님의 사역은 실패한 것인가? 열매가 없는 것인가? 그렇지 않다. 12명의 제자들을 통해 얼마나 놀라운 결실을 맺었는지 기독교 역사는 보여 주고 있다. 마이클 그린(Michael Green)이라는 학자는 이렇게 말한다.

> 교회는 소수의 교육받지 못한 어부와 세리들로부터 시작하여 이후 삼백 년 동안 알려져 전 세계를 휩쓸었다. 그것은 역사상 전무후무한 평화로운 혁명에 대한 완벽하고 경이로운 이야기다.

따라서 우리 역시 숫자에 얽매일 필요가 없다. 숫자에 집착하는 것은 오히려 세상 문화에 가깝다. 한 사람이라도 도서관 사역을 통해 선한 영향을 받고 삶에 변화가 일어난다면 하나님께서 충분히 기뻐하실 것이라고 생각했다.

북한에서 선교하는 의사 선생님의 이야기를 읽을 적이 있다. 이분은 미국인 아내와 결혼을 했는데 함께 선교의 비전을 품게 된다. 먼저 북한에 대한 비전을 품은 것은 아내였고, 자신은 다른 나라를 품었다고 한다. 북한의 실상을 아내보다 더 잘 알았기에 마음이 쉽게 열리지 않았던 것이다. 그런데 하나님께서 확신을 주셨고 온 가족을 데리고 북한 선교를 떠나게 된다. 이 사실을 아버지에게 말씀드리자, 평소 교회에 다니지도 않던 아버지가 새벽기도회를 나가기 시작했다고 한다. 아들을 위해 기도한 것이 아니라 하나님께 아들을 말려 달라고 기도하러 간 것이다. 비전을 품고 갔지만 북한에서의 사역은 쉽지 않았다. 그럼 어떻게 사역을 감당할 수 있었을까? 그는 책에서 이렇게 말한다.

사랑은 할수록 더해지고 또 다른 사랑을 꿈꾸게 한다. 나는 그분께 배운 대로 받은 사랑을 나누고 있다. 신기하게도 사랑을 주러 간 곳에서 나 역시 사랑을 받고 돌아온다. 바라는 마음을 내려놓다 보니 사랑은 그저 사랑이 되었다. 이런저런 이유가 있어서가 아니라 사랑은 그냥 사랑인 것이다.

특히 "바라는 마음을 내려놓다 보니 사랑은 그저 사랑이 되었다."라는 말이 가슴에 와 닿았다. 우리가 세상을 섬기는 이유는 무엇인가? 우리가 세상에 복음을 전하는 이유는 무엇인가? 사랑 때문이다. 하나님께서 우리를 사랑하셨던 것처럼 우리 역시 세상을 사랑하기 위함이다. 사역의 목적은 사랑에 있지 열매에 있지 않다. 주는 것에 있지 얻는 것에 있지 않다. 자녀를 양육하는 이유가 무엇인가? 자녀를 사랑하기 때문이다. 자녀가 부모의 바람 대로 성장하면 좋겠지만, 그렇지 않아도 부모는 여전히 자녀를 사랑하고 섬긴다. 사역의 열매가 아니라 사랑 자체에 초점을 맞출 필요가 있다. 이렇게 '바라는 마음을 내려놓고' 사랑 자체에 초점을 둘 때, 사랑을 하면 할수록 또 다른 사랑을 꿈꾸는 은혜를 누리게 되는 것이다.

사실 사역의 열매가 처음부터 나타나면 좋겠지만, 실제로는 그렇지 않은 경우가 많다. 왜일까? 교회 사역은 대부분 사람을 대상으로 하는데, 사람의 변화는 쉽게 이루어지지 않는다. 하나님의 아들이신 예수님도 제자들을 훈련시키는 데 3년이라는 시간(그의 공생애의 대부분의 시간)을 투자하셨다. 그렇다면 우리는 어떻겠는가? 아기를 생각해 보라. 아기가 "아빠"라는 말을 하기까지 부모로부터 "아빠"라는 말을 수천 번 들었을 것이다. 간단한 말 한마디 하는 데도 오랜 수고와 인내가 필요한 것이다. 따라서 사역의 열매를 맛보기 위해서는 기다림의 시간이 필수적이다. 어쩌면 우리의 문제는 열매가 나타날 때까지 인내하지 못하는 것일지 모른다. 당장의 열매가 없어도 사랑을 실천하고자 꾸준히 노력할 때 하나님께서 반드시 사역의 열매를 맛보게 하실 것이다.

| 자원이 부족해요? |

공간을 마련한 후 도서관에 비치할 도서를 기증받았다. 성도들에게 가정에서 자녀 교육을 위해 구입했던 책이나 멀티미디어 자료가 있으면 기증해 달라고 광고를 했다. 얼마나 많은 분들이 동참할지, 어떤 책들을 기증할지 전혀 예상할 수 없었다. 그럼에도 불구하고 기증을 받은 것은 이 과정을 통해 성도들이 도서관 사역에 관심을 갖고 동참할 수 있으리라는 기대 때문이었다.

원래 계획은 어느 정도 기증을 받은 후, 나머지 필요한 도서와 자료를 구입할 예정이었다. 그런데 감사하게도 많은 분들이 동참해 주셨다. 심지어 다른 교회 성도들과 교회를 다니지 않는 분들도 기증해 주셨다. 비싸게 구입해서 버리지 못하고 있었는데, 선한 곳에 사용할 수 있어 감사하다는 반응이었다. 어떤 성도는 해외 여행 중 책을 일부러 구입하여 갖다 주셨다. 그 결과 3천 권이 넘는 도서와 자료들을 기증받았다. 단순 책값만 계산해도 수천만 원 가량의 가치가 있었다.

작은 도서관 등록을 위해서는 도서가 1천 권 이상이 필요한데, 그것의 몇 배를 구비할 수 있었다. 특히 기증해 주신 책들 중에는 양질의 도서들이 많아 사역에 큰 도움이 되었다. 현재 도서관에는 5천 권이 넘는 도서와 자료들이 구비되어 있는데, 대부분은 기증받은 것이다.

유품정리사가 쓴 글을 읽은 적이 있다. 유품을 정리하다 보면 한 번도 사용하지 않은 물건들을 발견할 때가 있다. 그럴 때면 자신도 너무나 많은 것들을 쌓아 두고 살진 않는지 반성하게 된다고 한다. 섬김도 마찬가지다. 우리는 종종 자원이 부족하여 섬길 수 없다고 생각할지 모른다. 물론 절대적으로 자원이 부족한 경우도 있다. 하지만 자원이 부족한 것이 아니라 마음이 부족한 것은 아닌지 돌아볼 필요가 있다. 우리의 시선을 '쌓는 것'에서 '나누는 것'으로 맞출 때, 우리의 자원이 결코 부족하지 않음을 발견할 수 있을 것이다.

이는 섬김이 주는 유익이기도 하다. 다른 누군가를 섬길 때 우리가 얼마나 가치 있는 존재인지, 얼마나 부유한 존재인지, 얼마나 놀라운 일을 행할 수 있을지를 맛보게 된다. 어쩌면 우리가 존재 가치를 못 느끼고 삶이 무의미하게 다가오는 이유도 섬김으로부터 멀어졌기 때문일지 모른다. 우리가 얼마나 부유한 존재인지 확인하고 싶다면, 섬김의 장으로 나가야 한다.

앞서 〈철가방 우수 씨〉라는 영화에 대한 이야기를 나눴다. 영화의 실제 주인공인 김우수 씨는 어떻게 어린이들을 후원하게 되었을까? 70만 원의 월급으로는 생활비를 감당하기도 넉넉지 않았을 텐데, 어떻게 아이들을 후원했을까? 사실 그의 과거는 불행했다. 부모에게 버림받아 고아로 자라면서 동냥도 했고, 학비를 내지 못해 교사로부터 면박도 받아야 했다. 청년 때에는 죽고 싶어 가게에 불을 질렀다가 교도소까지 가게 됐고, 한 통의 편지도 받지 못하는 수감자는 오직 그뿐이었다. 그의 삶에는 단 한 줄기의 빛도 없었던 것이다. 그런데 그는 수감 생활 중 우연히 한 아이의 어려운 형편이 적힌 글을 본 후, 작업 수당 중 일부로 그 아이를 돕게 됐다. 그리고 자신이 도와준 아이로부터 "도와주어서 감사하다."는 내용의 편지를 받게 된다. 자신도 누군가에게 도움을 줄 수 있다는, 자신 같은 사람도 가치가 있다는 사실에 펑펑 눈물이 났고 이후에도 아이들을 돕는 계기가 되었다. 이것이 하나님께서 우리에게 섬김을 명령하신 목적이며, 적은 자원 가운데서도 우리가 기쁘게 섬길 수 있는 이유가 된다.

| 비전 공유가 이루어지다 |

도서 기증을 받으면서 무엇보다 감사했던 것은 성도들의 마음이 선교로 모아진 점이다. 도서 기증을 받기 시작한 후 어느 주일 오후였

다. 처음 뵙는 분이 영어책을 잔뜩 가지고 찾아오셨다. 도서 기증을 받느냐고 물으신 후 도서를 놓고 갔다. 당시는 교회 내에만 광고한 상태였기에 의아했다. 아마도 성도 중 누군가의 이야기를 듣고 기증하러 오신 것 같다. 성도들이 주변 분들에게 이야기할 정도로 도서관 사역에 관심과 자부심을 갖고 있다는 생각에 감사했다. 모든 사역이 그렇듯이 도서관 사역도 특정 사람들만의 사역이 되기 쉬웠는데, 책을 기증 받는 과정을 통해 전 성도가 동참할 수 있었다. 결국 도서 기증 과정을 통해 모아진 것은 도서만이 아니었다. 선교와 지역사회의 섬김에 전 성도의 관심이 모아지고 도서관 사역에 대한 자부심과 꿈을 나누는 계기가 되었다.

《이상한 나라의 앨리스》에 나오는 이야기다.

> 주인공 앨리스가 길가에 있는 고양이에게 묻는다. "실례지만 여기서 어디로 가야 하니?" 고양이가 대답한다. "그건 네 목적지가 어디인가에 달려 있어." 그러자 엘리스는 이렇게 말한다. "나는 목적지가 어디든 상관 없어." 이 말을 들은 고양이는 "목적지가 없다면 어느 길로 가든지 상관없어."라고 답한다.

짧은 대화이지만 비전의 중요성을 보여 주는 이야기다. 목적지도 없이 길을 묻는 엘리스가 어리석어 보이는가? 어쩌면 이런 엘리스의 모습이 우리의 모습일지 모른다. 비전은 우리가 나가야 할 길을 안내하고 지시해 주며, 동시에 비전은 우리가 투자하는 시간과 노력의 대가가 무엇인지를 알려 준다. 어쩌면 많은 사람들이 헌신의 자리로 나가지 못하고 주저하는 이유는 비전을 발견하지 못했기 때문일 것이다. 비전을 세우고 공유하는 일은 그만큼 중요하다. 제너럴 일렉트릭(General Electric Company)의 전 CEO였던 잭 웰치(Jack Welch)는 퇴임 10년을 앞두고 이런 말을 했다. "이제부터는 내 후계자를 선택하는 것이 내가 결정해야 할 가장 중요한 일이다. 나는 매일 이 일을 생각하면서 많은 시간을 보낸다." 10년이라는 시간을 자신과 같은 비전을 가진 사람을 세우는 데 투자하겠다는 것이다.

이 땅에 오신 예수님은 기회가 있을 때마다 자신이 이 땅에 오신 목적이 무엇인지를 가르치셨다.

> 인자가 온 것은 잃어버린 자를 찾아 구원하려 하심이니라 _눅 19:10
> 인자가 온 것은 … 섬기려 하고 자기 목숨을 많은 사람의 대속물로 주려 함이니라 _마 20:28

예수님은 분명한 비전을 갖고 계셨고, 이러한 비전을 제자들과 끊임없이 나누셨다. 이를 통해 제자들이 하나님의 비전에 동참하길 원하셨다. 교회 사역도 마찬가지다. 우리가 행하는 사역의 비전 역시 끊임없이 나누어야 한다. 가능한 한 다양한 관점에서 제시하고 다양한 방법을 가지고 지속적으로 공유해야 한다. 특히 참여는 비전 공유의 중요한 수단이 된다. 책을 기증 받는 과정이 비전을 공유하는 데 중요한 역할을 했다.

도서관 사역의 열매가 무엇인지 묻는 경우가 있다. 여러 가지가 있겠지만 가장 중요한 열매는 우리 자신의 변화일 것이다. 이는 하나님께서 우리에게 사역을 맡기신 이유이기도 하다. 전능하신 하나님께서 연약하고 부족한 인간에게 사역을 맡기신 이유는 무엇일까? 능력이 부족해 인간의 도움이 필요하기 때문이 아니다. 오히려 사역을 통해 우리가 하나님의 마음을 깨닫고 닮아 가길 원하시기 때문이다. 도서관 사역도 마찬가지였다. 도서관 사역을 통해 성도들이 지역사회를 섬기는 일들의 중요성을 깨닫고 동참하게 된 것 자체가 열매라고 할 수 있다.

공간과 도서 등 필요한 준비를 마친 후, 본격적으로 도서관 사역을 시작하게 되었다. 다음은 도서관에서 봉사한 성도가 쓴 소감문 중 일부다. 어떤 마음으로 도서관 사역을 시작했는지, 그리고 어떤 비전을 품게 되었는지를 잘 보여 준다.

"집사님 수고하세요." "오늘 첫날이라 애들이 없어 오히려 심심하지 않을까 싶어요."

다움영어도서관 개관 첫날, 첫 봉사 시간. 집사님들과 인사말을 주고받으며 다움영어도서관으로 향했습니다. 빨간 파랑 예쁜 소파, 가지런히 정리된 책들, 책상과 의자, 사랑으로 준비된 간사님들, 다움공동체의 기도와 섬김으로 만들어진 도서관 곳곳이 환하게 아이들을 기다리고 있었습니다. 한 시간 지나 정적을 깨고 어머니들과 아이들이 왔습니다. 그리고 잠시 후, 또 몇 명의 어머니들과 아이들이 도서관을 찾아 주셨습니다. 집사님들과 한 인사가 무색해지면서 하나님은 역시 나의 예상을 뛰어넘는 분이심을 다시 확인할 수 있었습니다.

아이들을 위해 일사불란하게 움직이시는 간사님들 틈에서 몇몇 어머니들에게 다가가 준비된 안내장을 가지고 도서관에 관해 간략히 소개해 드렸습니다. 어떤 어머니께서는 학원을 그만두고 여기에 아이를 보낼 거라며 당찬 계획을 말씀해 주셨고, 어떤 어머니께서는 가입비가 얼마인지 물으셨습니다. 무료라 하니 의아해하며 왜 무료냐고 반문하시기에, 교회에서 지역에 봉사하는 마음으로 하는 거라 하니 고개를 끄덕이며 미소를 지으셨습니다.

한 아이는, 자신은 오디오 CD를 들으며 영어책을 보는 것이 처음이라며 헤드셋을 머리에 꽂으며 새로운 경험에 즐거워하는 모습을 보았고, 집에서는 저렇게 듣고 있지 않는데 애들이 듣고 있다며 좋아하시는 어머니들을 볼 수 있었습니다. 첫날이지만 이 모습 속에서 우리 공동체가 참 잘 했구나, 우리의 예배 공간보다는 이웃을 위해 먼저 공간을 마련한 것을, 여기에 계신 어머니들과 아이들이 기뻐하는 것처럼 하나님께서도 기뻐하시고 칭찬하고 계신 것 같았습니다.

일주일 후, 잠수네 베테랑이신 집사님과 함께 어머니들과의 만남의 시간을 가졌습니다. 어머니들과 아이들을 키운 경험을 나누고 도서관에 대해 의욕을 보이시는 어머니들을 보며 이 작은 도서관을 통해 소망을 드릴 수 있음에- 아이들을 꿈꿀 수 있게 하고 어머니들을 꿈꿀 수 있게 해드릴 수 있음에- 감사와 기쁨이 밀려들었습니다. 우리 다움공동체가 세상을 향해 비춘 최초의 빛이구나 싶었습니다.

그리고 한 달이 넘어가면서 봉사하시는 집사님들을 통해 도서관에 대한 반응들이 전해져 왔습니다. 집이 먼데도 친구의 소개로 애들을 데리고 다니신다는 어머니, 자신은 불교 신자지만 이런 일은 교회에서 정말 잘하는 거라며 칭찬하시는 아주머니, 자신도 집에 있는 책들을 기증하겠다는 어머니, 그리고 늘 리스닝(listening)이 안 좋다는 얘기를 들은 아이가 학원에서 리스닝이 좋아졌다는 얘기들까지 들을 수 있었습니다. 참으로 기분 좋은 소식들이었습니다.

도서관에 대한 반응들을 들으며, 우리 역시 하나님께서 만들어 나가실 다움영어도서관을 꿈꿀 수 있고 함께 지켜볼 수 있는 것이 은혜임을 깨닫게 되었습니다. 먼 훗날 이 도서관을 통해 영어를 잘 배우게 되어 이만큼 잘 클 수 있었다고, 감사해 하며 찾아올 아이들을 꿈꾸게 되었습니다. 무엇보다도 이 공간을 통해 예수님의 사랑을 알게 되어 하나님의 신실한 일꾼들이 나오는 것을 꿈꾸며, 향후 10년 아니 더 먼 미래까지 다움영어도서관을 하나님께서 사용하시리라는 소망을 갖게 되었습니다.

| 간판이 없는 교회 |

우리 교회는 개척한 지 8년이 지났지만 아직까지 교회 간판도, 십자가도 없다. 주일에는 학교 강당을 임시로 빌려 예배 드리기에 학교 건물에 간판을 세울 수 없었다. 주 중 모임 공간 역시 도서관으로 전환했기 때문에 간판을 세울 수 없었다. 새롭게 얻은 주 중 모임 공간에도 예배를 드리는 공간이 아니기에 간판을 세우기 모호했다. 물론 이로 인해 해프닝도 많았다. 교회를 찾는 성도들에게 주위 상인 분들이 "저곳이 교회인지는 모르지만 사람들이 많이 다니는 것 같기는 하다."라는 이야기를 듣기도 했고, "교회 이름을 안 밝히는 것을 보니 이단이 아닌가" 하는 의심의 눈초리를 받기도 했다. 다만 교회가 처음 세운 간판이 도서관 간판이었다는 점에 감사한 마음이 컸다. 교회가 세상을 섬기는 일에 초점을 맞추고 있다는 상징과도 같았기 때문이다.

오늘날은 자기 PR의 시대라고 말한다. 그만큼 자신을 잘 표현하는 것이 중요한 시대라는 뜻이다. 이런 점에서 우리 교회는 시대에 뒤떨어진 교회임에 틀림없다. 교회 간판도 없고 교회가 어디인지 찾기조차 힘들기 때문이다. 아직까지도 당혹스러운 질문 중 하나는 "교회가 어디 있느냐"는 것이다. 학교 강당이라고 답할 수도 없고, 도서관이라고 답할 수도 없고, 사무실이라고 답할 수도 없다. 어디를 교회라고 답할지 아직까지 확신이 없다. 다만 어떤 곳도 교회라고 말하기 힘들지만, 분명 교회는 존재한다. 주일 예배를 드릴 때는 학교 강당이 교회이고, 모임을 갖고 교제를 나눌 때는 사무 공간이 교회이고, 세상을 섬길 때는 도서관이 교회가 된다.

성경은 교회는 건물이 아니라 '사람'이라고 가르친다. 따라서 성도가 존재하는 공간이 바로 교회가 되는 것이다. 그렇기 때문에 가정이 교회가 될 수 있고, 일터가 교회가 될 수 있고, 세상이 교회가 될 수 있다. 구약 시대 바벨론의 침공으로 예루살렘 성전은 무너지고 이스라엘 백성들은 포로로 잡혀가게 된다. 당시 성전은 이스라엘 사람들의 신앙과 생활의 중심지였다. 그렇다면 성전이 무너지고 사라졌다고 해서 교회가 사라졌는가? 그렇지 않다. 포로로 잡혀간 이스라엘 사람들은 성전에서 드렸던 제사 시간에 맞춰 각자의 처소에서 기도하고 말씀을 낭독했다. 교회는 사라지지 않고 여전히 존재하고 있었다. 장소는 사라졌지만 하나님을 섬기는 사람들은 사라지지 않았기 때문이었다.

물론 언제까지 교회 간판 없이 지낼는지는 알 수 없다. 하지만 당분간은 교회 간판이 없이 지낼 예정이다. 간판이 아니라 섬김의 손과 발을 통해 세상에 교회가 알려지길 바라기 때문이다. 이렇게 도서관이 세워지고 도서관을 통해 교회가 지역사회에 자연스럽게 다가가게 되었다.

| 교회 공간의 선교적 활용 |

오늘날 교회의 지역성은 점점 약해지고 있다. 예전과 달리 성도들은 교회 주변에 모여 살지 않으며 가까운 교회에만 출석하지 않는다. 먼 거리에 있는 교회를 출석하기도 하고 온라인을 통해 설교를 듣거나 여러 프로그램이나 사역에 동참하기도 한다. 이는 점점 유목민화 되어 가는 사회문화적 현상과도 무관하지 않다. 오늘날에는 과거와 달리 한 사람이 한 지역에 오래 거주하지 않는다. 결혼, 직장, 자녀 교육 등 다양한 문제로 인해 주거 지역을 계속해서 바꾸게 된다. 단순히 거주만이 아니라 전반적인 생활 패턴이 지역이라는 한계에 국한되지 않는다. 한두 시간 거리의 직장을 다니고, 곳곳에 숨겨진 맛집을 찾아 다니며, 개인 미디어를 통해 세계 각지의 사람들과 관계를 맺고 살아간다.

성도들의 가정과 직장이 교회로부터 멀어짐에 따라 주중 모임에 대한 참여 빈도수는 점차 줄고 있다. 특히 코로나 이후 온라인 사역이 보편화되면서 이런 현상은 가속화되었다. 단적인 예로 현장에서 새벽기도회에 참여하는 인원보다 온라인으로 참여하는 인원들이 훨씬 많다. 코로나로 인해 특정 장소에 모이지 않아도 많은 사역이 가능함을 깨닫게 되었고, 교회 내 여러 사역들이 온라인으로 대체되거나 새로운 온라인 사역들이 계속해서 생겨나고 있다. 이런 현상으로 인해 교회 공간의 활용도는 점점 낮아지고 있으며, 텅 빈 교회 공간을 어떻게 활용할지에 대해 진지하게 고민해야 할 시기가 된 것이다.

톰 레이너(Thom Rainer)는 그의 책 《코로나 이후의 목회》에서 이렇게 말한다.

> 교회 공간을 지역사회에 다가가기 위한 도구로 본다면 어떤 일이 벌어질까? 이는 많은 교회가 전혀 접해 보지 못한 생소한 개념이다. 새로운 시대에 맞게 우리의 시각을 조종해야 할 필요가 있다. 우리의 공간 사용에 대해 재고해야 할 때다. 너무 오랫동안 교회 공간은 주로 '교인들'

을 위해서만 사용되었다. 건물을 새로 지으면 지역사회를 위해 사용하겠다고 대대적으로 홍보하지만, 언제나 공허한 약속일 뿐이었다. 뚜껑을 열어 보면 새로운 시설도 결국 교인만을 위한 시설이었다.

전 세계적으로 교회는 수십억 달러 가치의 부동산과 시설을 소유하고 있다. 하나님은 좋은 청지기가 되라고 이런 자산을 우리에게 공급해 주셨다. 그런데 대부분의 교회 시설은 매주 많은 시간 동안 사용되지 않고 있다. 이제 우리의 시설에 관하여 다시 생각해야 할 때다. 지역사회를 향해 교회 시설의 문을 열어야 할 때다.

톰 레이너의 지적처럼 그동안 교회 공간이 성도만을 위한 시설이었음을 부인하긴 힘들 것이다. 전통적으로 선교(전도)라고 하면 믿지 않는 사람들을 교회로 초대하는 것을 의미한다. 이를 위해 교회는 여러 행사를 기획하고 사람들을 초청하기 위해 노력했다. 하지만 이제 교회가 보다 적극적으로 세상에 다가가야 한다.

이는 예수님께서 보여 주신 모범이었다. 예수님은 인간의 몸을 입고 이 땅에 내려오셨다. 사실 인간의 입장에서 바라보기 때문에 예수님께서 인간이 되셨다는 사실에 대해 우리는 별다른 감동을 느끼지 못한다. 하지만 만일 당신이 남은 평생을 돼지 우리에 들어가서 돼지들이 먹는 음식을 먹고 돼지처럼 생활해야 한다고 가정해 보라. 과연 쉬운 일일까? 예수님께서 인간이 되셨다는 것은 인간이 돼지가 되는 것보다 훨씬 더 큰 희생과 헌신이 따르는 일이다. 그만큼 예수님은 존귀하신 분이기 때문이다. 그렇다면 우리가 추구해야 할 선교의 방법 역시 성육신적이어야 한다. 우리 역시 예수님께서 그러셨던 것처럼 세상 속으로 더욱 깊이 침투해 들어가야 한다. 이런 점에서 교회는 지역사회를 "위한" 장소일 뿐만 아니라 지역사회 "안"의 장소가 되어야 한다.

초기 기독교의 신학자이자 변증가였던 터툴리안(Tertulian)은 그리스도인의 지역 참여에 대해 이렇게 썼다.

우리는 당신들 곁에서 당신들과 삶, 의상, 습관, 필요 등을 공유하며 살아가지 않는가? 인도의 브라만이나 고행자처럼 숲속이나 현실을 떠나 유랑하지 않는다. 우리는 세상 속 즉 당신들 곁에 머물면서 공공 광장, 식료품 시장, 목욕탕, 노점, 작업장, 여관, 주간 시장, 상행위가 이루어지는 모든 장소를 이용한다. 당신들과 함께 항해하고 당신들 편에서 싸우며 땅을 일구고 당신들과 거래한다. 마찬가지로 우리는 다른 사람들과 함께 우리의 기술을 공유한다. 그리고 우리의 생산물을 공적 재산으로 돌려 당신들이 사용할 수 있게 한다.

초대 교회 그리스도인들은 분리주의자들이 아니었다. 그들은 도시

생활에 참여했다. 이웃과 사회 활동을 함께 했다. 다른 사람의 삶에 관심을 가지고 그들의 필요를 채웠다. 이를 위해 자신들이 가진 자원을 최대한 활용했다. 공적 재산이 되도록 했다. 그렇다면 오늘날의 교회는 어떨까? 씨줄과 날줄처럼 지역사회와 얽혀 세상의 일부가 되어 있는가? 교회는 세상 속으로 더욱 깊숙이 스며들어야 한다. 세상 안의 존재가 될 수 있도록 교회가 가진 자원을 선교적으로 활용할 수 있어야 할 것이다.

교회에 있어서 지역은 어떤 의미가 있을까? 특정 지역에 교회가 존재하는 이유는 무엇일까? 성도들이 점점 다양한 지역으로 흩어지는데 교회는 특정 지역에 머무는 이유는 무엇일까? 선교적 사명 외에 다른 목적을 찾기 힘들 것이다. 하나님께서 특정 지역에 교회를 세운 것은 지역사회를 복음으로 변화시키기 원하셨기 때문이다. 지역사회의 선교를 위해 교회가 해당 지역에 존재하는 것이다. 이런 점에서 교회 자체가 하나의 선교사라고 할 수 있으며, 선교적 사명을 위해 교회 공간과 시설 역시 보다 적극적으로 활용할 필요가 있다.

| 핵심은 사람이다 |

공간과 도서를 구비한 후 도서관 개관을 준비했다. 우선 기존 도서관

에 대해 사전 조사를 실시했다. 조사 중 발견한 사실은 환경과 시설보다는 사람이 중요하다는 점이었다. 상대적으로 많은 도서를 구비하고 시설도 훌륭하지만 이용자의 수가 의외로 적은 도서관들이 많았다. 반면에 시설과 환경이 열악함에 불구하고 운영이 잘 되는 도서관들도 있었다. 이들 도서관의 공통된 특징은 봉사자들이 이용자들을 진심 어린 관심과 애정으로 섬기는 곳이라는 점이었다. 결국 사역의 성패는 어떤 사람들이 섬기고 있느냐에 달려 있음을 발견할 수 있었다. 이를 깨닫게 되자 자신감 있게 도서관 사역을 진행할 수 있었다. 우리 교회 도서관의 경우 남다른 규모나 시설을 갖춘 것은 아니지만, 섬김의 마음과 자세만큼은 잘 준비된 성도들이 많았기 때문이었다.

감사하게도 도서관 사역을 위해 많은 성도들이 헌신했다. 어느 집사님의 경우 도서관 사역에 대한 광고를 듣고 마음의 부담이 계속 있었다고 한다. 대학 때 문헌정보학을 전공했기에 자신을 향한 부르심으로 느낀 것이었다. 이렇게 문헌정보학을 전공했거나 사서로 일한 경험이 있는 분들을 중심으로 기증받은 도서를 정리하면서 개관 준비를 했다. 뿐만 아니라 여러 교육 프로그램도 개설하였다. 한글과는 달리 영어 도서의 경우, 책을 읽을 수 있도록 도울 필요성이 있었다. 물론 필요성을 느꼈지만 어떻게 해야 할지 막막한 것 역시 사실이었다. 그때 몇몇 성도들이 헌신해 주었고 덕분에 다양한 영어 교육 프로그램과 부모 상담 프로그램을 시작할 수 있었다.

이들 프로그램을 준비하면서 한편으로 염려가 된 것도 사실이었다. 전문가가 인도하는 것도 아닌데, 과연 얼마나 많은 사람들이 참여하고 도움이 될지 확신할 수 없었다. 다만 어떻게 하면 보다 잘 섬길 수 있을지 고민했고 작은 도움이라도 주고자 하는 마음만은 분명했다. 그 결과 우려와는 달리 이용자들의 반응이 좋았다. 교육 프로그램에 참여한 아이들도 좋아했고, 학부모 프로그램도 어머니들이 적극적으로 참여해 주셨다. 결국 섬김에 있어 중요한 것은 은사나 자원이 아니라 마음임을 확인할 수 있었다.

하나님께서는 그리스도인들에게 빛이 되라는 사명을 주셨다(마 5:14). 그렇다면 어떻게 빛의 역할을 감당할 수 있을까? 집을 떠올려 보라. 집안에서 가장 중요한 빛은 무엇일까? 그것은 거실에 있는 화려한 샹들리에(Chandelier)가 아니라, 화장실에 있는 자그마한 등이다. 왜일까? 빛이 가장 필요한 곳에 존재하기 때문이다. 보통 화장실에는 창문이 없으며, 화장실 등 외에 다른 빛이 들어오지 않는다. 만약 등이 꺼지면 화장실은 깜깜해질 수밖에 없다. 중요한 것은 빛의 크기와 화려함이 아니라 빛이 어디에 있는지에 있다고 할 수 있다. 빛이 필요한 곳에 존재한다면 아무리 초라한 등이라도 멋지게 빛날 수 있다.

세상을 변화시키기 위해 거창한 일을 할 필요는 없다. 때로는 다른 사람을 섬기면서 부드럽게 어깨를 두드려 주는 것만으로도 충분하다. 어둠이 필요한 곳에 조그마한 등이라도 되겠다는 마음이 있다면 우리의 섬김은 충분히 빛날 수 있다. 마더 테레사(Mother Teresa)가 자신을 "나는 세상에 사랑의 편지를 보내기 위해 글을 쓰시는 하나님의 손 안에 있는 몽당연필이다."라고 소개한 이유도 이 때문일 것이다. 안타까운 점은 빛의 크기와 화려함에만 초점을 맞추느라 어둠이 있는 곳을 바라보지 못한다는 것이다.

이렇게 많은 분들의 수고와 헌신 덕분에 도서관 사역을 통해 열매가 조금씩 나타나기 시작했다. 아래는 도서관을 이용하는 주민들이 도서관에 보내 온 편지의 일부다. 특히 믿지 않는 사람의 마음을 여는 중요한 도구가 되었음을 발견할 수 있다.

우리 가족에게 다움영어도서관은 그냥 지나칠 수 없는 참새 방앗간과 같은 곳입니다. 저와 세 아이들은 매일 오후 도서관에 들르는 것이 중요한 일과입니다. 아이들과 저는 빙뱅붐, 버디리딩, 맘스북클럽 등 다양한 프로그램에 참여하면서 영어와 친해져 가고 있습니다. 다움영어도서관은 일반 학원과 달리 아이들이 무척 재미있어 하고 내 집처럼 편안해 합니다. 특히 봉사자 언니 오빠들과 함께 하는 영어 시간을 즐거워합니다. 늘 아이들을 반갑게 맞아 주고 아이에게 맞게 하나라도 더 가르쳐 주려 하는 다움도서관 봉사자들의 섬김이 매번 감사할 따름입니다.

저는 도서관에서 받고 있는 조건 없는 사랑의 섬김을 남편에게 자랑하고 있습니다. 저와 세 아이는 예수님을 믿고 있지만 아직 남편은 교회에 대해 마음이 열려 있지 않아 감히 복음을 전하지는 못하고 있는데, 다움교회에서 운영하는 도서관을 이야기하면 교회에 대한 남편의 시선이 예전과 조금 다름을 느낍니다. 또 아이들에게는 늘 감사한 마음으로 배우고 그 배움을 또 누군가에게 받은 만큼 나눠 줘야 한다고 이야기합니다. 그래서 큰아이는 자기도 나중에 영어책 읽어 주는 봉사를 하고 싶다고 합니다.

여러분이 저희에게 주신 사랑의 나눔이 또 저희를 통해서 계속 이어질 것을 기대합니다. 저와 제 아이들에게 배움의 기회와 사랑의 나눔을 하여 주신 다움 성도 여러분께 감사를 드립니다. 저의 이 작은 편지로 항상 애써 주시는 여러분께 감사 인사를 전합니다.

우리 아들 세 명이 모두 이곳을 이용하고 있습니다. 무엇보다 영어를 편안하게 접할 수 있도록 이 지역에 이러한 공간을 제공해 주신 많은 분들께 글로나마 고마움을 표현하고 싶습니다. 도서관에서 만나는 따뜻한 선생님의 도움과 배려는 저희 아이들에게 영어에 대한 흥미와 재미를 일깨워 주셨습니다. 너무나 감사를 드립니다.

우리 집 막내는 어린이집도 안 가고 이곳에 온 적도 있습니다. 그만큼 놀이처럼 편안하게 이용할 수 있는 공간이 다움영어도서관인 것 같아 너무 좋습니다. 앞으로도 많은 미래의 꿈나무 어린이들이 이곳을 통해 배우고 그 배움이 그 누군가에게 전해질 수 있도록 노력하는 아이들이 될 것을 믿습니다. 이 나눔을 통해서 나눌 수 있는 아이들이 될 것을 믿습니다. 항상 다움영어도서관을 응원합니다. 감사합니다.

| 도서관 프로그램 |

아래는 도서관에서 운영하는 프로그램 목록이다. 이 중에는 학부모를 대상으로 한 것도 있고 도서관을 이용하는 아이들을 대상으로 한 것도 있다. 매일 혹은 매주 진행되는 정기적인 사역도 있고, 방학 등 한시적으로 단기간 운영되는 프로그램도 있다. 내부 봉사자들이 운영하는 프로그램도 있고, 외부 봉사자들이 진행하는 프로그램도 있다.

다함께놀자 잉글리쉬	• 6~7세 유아를 위한 놀이를 통한 영어 첫걸음 • 매주 1회, 한 학기 과정
빙뱀붐	• 유아를 위한 영어 교육 프로그램 • 매주 1회, 한 학기 과정
NIE	• 영자신문(Kids Times)을 활용한 수업 • 매주 1회, 한 학기 과정, 외고 동아리 진행
POP	• 영어 말하기 훈련을 위한 프로그램 • 매주 1회, 한 학기 과정
맘스북클럽	• Let's learn, share & care 프로그램 • 매주 1회, 정기적 어머니 모임
스토리텔링	• 초등 1~2학년을 대상으로 한 영어책 읽기 수업 • 단기 과정
대학생 학습 지도	• 2학년을 대상으로 한 Little Box를 이용한 수업 • 3학년을 대상으로 한 영어 동화 수업 • 5학년을 대상으로 한 미국 교과서 수업 • 방학 중 진행
문화 체험	• 각 나라의 문화 소개 및 만들기 체험(AIESEC) • 방학 중 진행, 외국인 대학생 봉사자 진행
English Reading	• 3~5학년 대상으로 미국 교과서 리딩 및 회화 • 단기 과정
Book Racing	• 선정 도서 및 자유 선택 도서를 읽은 후 완독 및 다독상 시상 • 분기별 진행
도전 골든벨	• 선정 도서를 읽은 후 퀴즈대회를 통한 독후 활동 • 북레이싱 기간 종료 후 1회 진행
버디 리딩	• 일대일 책 읽어 주기 • 매일 진행
학부모 세미나	• 자녀 교육을 위한 상담 • 비정기적 어머니 모임

| 어머니 모임이 시작되다 |

도서관 사역을 본격적으로 시작한 후, 어머니들을 위한 사역의 필요성
이 제기되었다. 아이들이 혼자 도서관에 오는 경우도 있었지만, 어머
니들이 데리고 오는 경우도 많았다. 그런데 어머니들이 무료하게 시간
을 보내는 것이 안타깝기도 했고, 보다 근본적으로는 어머니들이 회복
되어야 자녀들에게도 선한 영향력을 미칠 수 있다는 생각이 들었다.

우선 학부모 세미나를 개최하기로 했다. 물론 자녀 교육에 대한 전문
가적 소양을 갖춘 강사를 초청해서 진행한 세미나가 아니었다. 집사
님들 중 몇 분이 자녀를 어떻게 양육하고 교육했는지를 나누는 모임
이었다. 그런데 예상 외로 반응이 좋았다. 무엇보다 같은 눈높이에서
자녀를 양육하면서 느꼈던 고민을 나누다 보니 공감대가 형성되고
실질적인 도움이 되었다는 반응이었다.

돌이켜 생각해 보면 굉장히 용감했던 것 같기는 하다. 오늘날 우리
사회는 자녀 교육에 대한 좋은 정보와 자료들이 넘쳐 나고 있다. 뿐
만 아니라 다양한 미디어를 통해 박식한 전문가들의 조언을 언제든
지 손쉽게 접할 수 있다. 따라서 평범한 사람들의 이야기를 나누는
모임을 만들겠다는 발상 자체가 무모해 보일 수 있었다. 하지만 하나
님께서는 기대 이상의 은혜를 베풀어 주셨다. 초롱초롱한 눈동자로

이야기를 듣고 질문하는 어머니들의 모습 속에서 학부모 세미나를 잘 시작했다는 확신이 들었다.

책에서 읽은 이야기다.

멕시코에 있는 어느 할머니가 예수님을 믿게 되었다. 예수님을 믿고 나니까 남들처럼 예수님을 잘 믿어야겠다는 소망이 생기게 되었다. 그런데 막상 예수님을 잘 믿으려고 하니까 이것이 쉽지만은 않았다. 왜냐하면 이 분은 글을 몰랐기 때문이다. 성경을 읽으려고 해도 읽을 수가 없었고, 전도를 하려고 해도 말씀을 모르니까 전도를 할 수가 없었다. 그렇다고 포기할 수도 없었다.

그래서 이분은 하나님께 간절한 마음으로 기도를 드리게 된다. 자신도 남들처럼 쓰임받고 싶다고. 그러다가 문득 이런 생각을 하게 된다. 이 할머니 집 근처에는 중학교가 있었는데, 이 학교는 쉼터가 있었고 학생들이 그곳에 항상 쉬고 있었다. 그래서 성경을 가지고 쉼터로 가서 학생들에게 이 책을 읽고 싶은데 읽어 줄 수 있느냐고 부탁하게 된다. 그렇게 매일 그 학교 쉼터에 가서 학생들을 붙잡고 성경을 읽어 달라고 했다. 그리고 기도했다. "제가 할 수 있는 것이 이것밖에 없지만, 이를 통해 역사해 주세요."라고. 그 결과 이 할머니 덕분에 이 학교에서 예수님을 믿는 학생들이 생겨나기 시작했다고 한다.

예수님을 믿는다고 글을 못 읽던 사람이 갑자기 글을 읽게 되지는 않는다. 예수님을 믿는다고 우리가 할 수 없는 무엇인가를 갑자기 하게 되는 것은 아니다. 다만 예수님을 의지하며 믿음으로 나아갈 때, 생각하지 못했던 방식으로 우리의 삶을 통해 이루시는 놀라운 하나님의 일하심을 자주 경험하게 된다.

이렇게 학부모 세미나를 비정기적으로 개최하다가, 권사님 한 분이 어머니들을 위한 정기적인 모임을 만들면 좋겠다고 건의해 주셨다. 그리고 사람들을 모집하여 일주일에 한 번씩 정기적으로 모임을 갖기 시작했다. 이렇게 시작된 모임이 "맘스북클럽"이다.

맘스북클럽의 경우 처음에는 자녀에게 모범도 보이고 자기 계발도 할 겸 영어를 함께 배우자는 취지로 시작했다. 간단한 영어책을 읽거나 영상물을 보고 서로의 생각을 나누는 시간을 가졌다. 그러다가 각자가 원하는 것들이 있으면 자유롭게 제안도 하면서 모임을 진행하였다. 그러자 모임의 내용이 더욱 풍성해졌다. 때로는 영어로 된 레시피를 보면서 음식을 만들기도 하고, 매주 모일 때마다 사진과 글을 작성해 앨범을 만들기도 했다. "Let's learn, share & care"라는 맘스북클럽의 모토처럼 서로에게 배우고 함께 나누고 서로를 돌보는 모임으로 자리잡게 되었다.

특히 맘스북클럽은 어머니 자신에게 집중하고자 했다. 어떻게 자녀 교육을 할 수 있을지가 아니라, 어떻게 자신의 삶을 가꿀지에 대해 초점을 맞추었다. 단순히 자녀 교육에 대한 정보나 지식을 공유하는 것이 아니라, 각자의 삶의 이야기와 고민도 나누며 서로에게 배우고 함께 성장하는 시간이 되고자 했다. 그 결과 모임을 통해 지친 삶의 위로와 회복을 맛보기도 했고, 이는 자녀를 비롯한 가족들에게 선한 영향력으로 나타났다. 또한 맘스북클럽을 통해 자연스럽게 복음을 접하고 교회에 등록한 분도 있었다.

아래는 맘스북클럽에 참여했던 분이 경험을 적은 글 중 일부다. 맘스북클럽이 본인에게 어떤 모임이었고, 삶에 어떤 유익을 주었는지 볼 수 있다.

2015년 3월이었습니다. 다움영어도서관에서 엄마들 영어 수업을 한다는 문자 한 통이 왔습니다. 극심한 우울감에 빠져 있던 저에게 그 한 통의 문자는 어두운 동굴 속을 나올 수 있는 희미한 빛이었습니다. 그래서 저에게 다움영어도서관은 '빛'입니다.

맘북(맘스북클럽 약칭) 첫 모임 때 간단한 자기 소개와 왜 이곳에 왔는지 돌아가면서 이야기를 나누었습니다. 자녀에게 영어 동화책이라도 읽어 주려고 찾았다는 훌륭한 어머님들만 오셨는데, 솔직히 저는 저를 위한 소통의 공간, 나 자신을 위해 배울 수 있는, 나 자신만을 위한 그런 공간이 필요해서 왔습니다. 실제로 저는 맘북을 통해 지쳐 있던 제 자신이 회복될 수 있었습니다.

교회에서 운영한다는데, 교회 소리는 별로 없고, 모두 너무나 친절하게 해 주셔서 처음에는 사이비 종교 단체 아닌가라는 생각에 보이지 않는 경계의 선을 그어 놓기도 하였습니다. 이 자리를 빌어 진심으로 사과 드립니다. 다행히 수업 시간이 20개월 된 딸의 낮잠 시간이라 수업 전 저는 미리 유모차에 막내딸을 태우고 동네를 빙빙 돌면서 재우고는 수업에 참여하였습니다.

〈I HAVE A DREAM〉이라는 노래를 아시나요? 맘북에서 처음 배운 팝송이며, 가장 많이 불러 본 노래입니다. 나는 꿈이 있어요. I HAVE A DREAM. 그때 한 통의 문자가 오기 전에 나는 꿈이 없었습니다. 남편과 자녀들을 위해 헌신만 하고 사는 나 자신이 싫었고, 항상 한 곳에 머물러만 있는 듯한 나 자신이 싫었는데, 〈나는 꿈이 있어요〉라는 팝송을 계속 부르게 되었습니다. 그리고 가사까지 외우도록 하신 누군가의 계획이 있었던 것 같습니다.

월요일은 맘북을 통해 배운 것들을 한 주의 삶에 적용해 보기도 하고, 화요일 아침이면 남편에게 어제 맘북에서 배운 내용들을 이야기하기도 하며, 쿠키나 배운 요리를 아이들에게 해주기도 합니다. 사진 일기를 2년 전부터 매달 한 권씩 출간하고 있으며, 요즘은 '보스베이비 영어만화 영화 씹어 먹기'를 맘북과 함께 체크하며, 매일 공부하고 있습니다.

내년이면 20개월 유모차에서 자던 막내가 학교를 갑니다. 딸이 큰 만큼 그 엄마는 맘북을 통해 자신을 사랑하게 되었고, 감사하게 되었고, 도전하게 되었습니다. 제가 잘 성장할 수 있도록 맘북이 바른 길잡이가 되어 준 것 같습니다. 너무나 감사합니다.

도서관 설립 감사 예배를 준비할 때였다. 맘스북클럽 어머니들이 예배를 위해 공간을 꾸미고 예배 시간에 특송으로 섬겨 주셨다. 맘스북클럽에는 하나님을 믿지 않는 분들도 있었기에 억지로 참석하게 하는 것은 아닌지 염려가 되었다. 하지만 자발적으로 참석하고 기쁘게 섬기셨다. 예상과는 달리 오히려 당연한 것으로 여기셨다. 그만큼 도서관을 자신들의 공간으로 받아들이고 있었다. 도서관이 세상을 위한, 그리고 세상 안의 공간이 되길 바랬는데 실제로 조금씩 이루어져 가고 있었다.

이렇게 어머니 모임을 만들면서 느낀 점은 한 사람의 소중함이었다. 사실 어머니들을 섬겨야 할 필요성은 느꼈지만 어떻게 이들을 섬길 수 있을지는 막막했다. 하지만 이 문제를 위해 헌신한 한 사람이 있었고, 그 결과 의미 있는 열매들을 맛볼 수 있었다. 많은 경우 교회가 어떤 사역을 해야 할지에 대해 고민하고 집중하기 쉽다. 그런데 진정으로 교회가 고민하고 집중해야 할 것은 사람을 세우는 것이다. 만약 사람이 세워진다면, 하나님은 그 사람을 통해 일하실 것이기 때문이다.

또한 섬김에 있어서 서로 배우려는 자세가 필요함도 느낄 수 있었다. 흔히 어떤 모임을 준비할 때, 인도자가 모든 내용을 준비하고 책임져야 한다고 생각하기 쉽다. 때로는 이런 부담으로 인해 사역을 시작조차 못하는 경우도 많다. 그런데 모임의 성격에 따라서는 구성원들이 스스로 모임을 구성해 가도록 돕는 것도 효과적일 수 있다. 물론 전체적인 방향성과 내용은 인도자가 제시하지만, 구성원들이 가진 자원을 활용할 때 오히려 모임이 더욱 풍성해질 수 있다.

이는 섬김의 본질적 특징이기도 하다. 섬김은 일방적이라고 생각하기 쉽다. 섬기는 사람이 무엇인가를 베푼다고만 보는 것이다. 하지만 그렇지 않다. 섬김이란 서로를 돕는 것이다. 섬기는 자가 받는 은혜 역시 결코 적지 않다. 하나님께서 우리에게 섬김을 요구하시는 이유는 무엇인가? 섬김의 자리에서 우리의 부족함을 채울 수 있기 때문이다. 섬김은 서로에게 배우고 서로를 돕는 것이라는 관점을 가질 필요가 있다.

헨리 나우웬(Henri Nauwen)이라는 작가가 있다. 그는 어느 날 홀연히 하버드 대학교의 교수직을 내려놓고 캐나다 토론토로 떠나게 된다. 그곳에서 장애인들이 모여 지내는 공동체를 섬기게 된다. 제대로 말도 못하고 표현하지도 못하고 때로는 발작을 일으키기도 하고 누군가의 도움이 없이는 정상 생활을 할 수 없는 아이들을 돌보며 남은 생을 보내게 된다. 자신의 모든 것을 내려놓고 장애인들을 섬기는 그의 모습이 대단하고 존경스럽게 여겨질 수 있다. 그런데 그의 생각은 전혀 달랐다. 그는 오히려 그곳에서 보낸 시간들을 통해 자신이 치유되는 것을 느꼈다고 말한다. 그곳에서 아담이라는 청년을 만났는데, 그 청년이 자신의 스승이었으며 그를 통해 삶이 무엇인지 배웠다고 말한다. 그리고 그 결과 세계적인 영적 작가로 거듭나게 된 것이다. 섬김은 결코 일방적이지 않다. 섬김은 우리를 위한 것이기도 하다.

처음 도서관을 만들면서 단순히 공부하는 곳이 아니라, 지역사회 커뮤니티의 장으로 자리잡길 원했다. 그런데 맘스북클럽을 통해 조금이나마 그 역할을 감당하게 된 것 같아 감사한 마음이 컸다.

| 세상을 연결하다 |

모든 사역이 마찬가지지만 도서관 사역을 위해서도 많은 자원(공간과

프로그램, 봉사자들, 재정 등)이 필요했다. 물론 교회 내부의 자원만으로도 운영이 가능했지만, 보다 풍성한 사역을 위해서는 외부 자원을 활용할 필요성도 있었다. 그래서 시작한 것이 "버디 리딩"(Buddy Reading)이라는 프로그램이었다.

버디 리딩은 중고등학생이 도서관에 와서 초등학교 아이들을 대상으로 일대일로, 혹은 소그룹으로 영어책을 읽어 주는 프로그램이다. 이를 위해 자원봉사 사이트에 봉사자를 모집한다는 광고를 올렸다. 처음에는 얼마나 참여할지 예측할 수 없었다. 그런데 의외로 많은 학생들이 봉사를 신청했고, 봉사자를 모집하는 날에는 전화가 불이 날 정도로 문의가 많았다. 의외로 많은 학생들이 봉사할 곳을 찾고 있었고, 도서관은 그들에게 좋은 봉사의 장이 되었다.

버디 리딩은 도서관에서 아이들이 좋아하는 프로그램 중의 하나다. 왜일까? 아이들이 도서관에 오는 외적인 이유는 영어책을 읽거나 영어를 배우기 위해서다. 그러나 동시에 내적으로는 인격적 만남에 대한 열망도 있기 때문이다. 형, 언니들과 만나 장난도 치고, 궁금한 이야기를 묻기도 하고, 함께 책을 읽는 것이 즐거움으로 다가온 것이다. 아이들 중에는 자기도 나중에 형, 언니들처럼 도서관에 와서 봉사를 하고 싶다고 말하는 경우도 있었고, 실제로 나중에 도서관에서 봉사하는 친구들도 있었다.

또한 봉사 온 학생들이 보람과 기쁨을 느끼는 것도 볼 수 있었다. 어떤 학생은 봉사 후, 집에 돌아가 어머니에게 봉사 점수를 못 받아도 좋으니 또 다시 봉사하고 싶다고 말했다고 한다. 처음에는 의무감으로, 봉사 점수를 얻기 위해 왔지만, 아이들과의 만남이 그들에게도 긍정적인 영향력을 미쳤던 것이다. 봉사와 섬김을 통해 서로에게 유익이 되었던 것이다. 아래는 도서관 봉사자가 쓴 소감문 중의 일부다. 봉사가 주는 기쁨이 어떤 것인지를 엿볼 수 있다.

봉사를 신청할 때마다 티켓팅하는 기분이지만 중3 때부터 꾸준히 봉사하기 위해 가는 다움영어도서관. 그래서 그런지 나를 기억하고 반겨주는 아이들이 친숙해서 그런지 앞다투어 나랑 책을 읽으려 할 때면 괜히 머쓱하다. 내겐 너무나 과분한 사랑이다. 한 번에 초등학교 1학년 남아 4~5명이 함께 달려들 땐 힘들지만, 여자아이들이 필통과 가방을 탐색을 하고 하나씩 가져갈 땐 맴찢이지만, 내가 맨날 지니까 하루 종일 팔씨름하자 할 땐 롬곡(눈물)이지만, 자꾸 책 읽기 싫다고 빙고만 할 때면 안절부절 쌤 눈치 보이지만, 북레이싱 때문에 제대로 안 듣고 빨리 읽지 않으면 화낼 땐 당황스럽지만, 반대로 또 책을 더미로 쌓아와 읽어 달라 해서 하루 종일 한 아이만 쉬지 않고 책을 읽어 줬을 땐 목이 쉬지만, 그래도 좋아 그래도 괜찮아 상랑행. 이름 기억해 줘서 고맙고 반겨 줘서 고맙고, 좋아하는 사람들 번호를 적는 노트에 내 번호 따간 꼬

맹이 너무 귀여워. 쫑알쫑알 이것저것 자랑하는 모습 보면 절로 웃음 나오고, 꾸역꾸역 책 읽다가 졸 때면 너무 사랑스러운 너희들. 밀린 일기 쓰다 보니 함께한 순간들이 새록새록. 빨리 보고싶어~!

버디 리딩이 교회가 주도적으로 만든 프로그램이라면, 외부에서 먼저 도서관에 찾아온 경우도 있었다. 외국어고등학교 영자신문 동아리와 국제리더십학생협회(이 단체는 2차 세계 대전 후 유럽 청년들을 중심으로 설립된 UN이 공식적으로 인정한 대학생 봉사단체라고 한다.) 소속 대학생들이 대표적인 예다. 이들 단체들은 봉사할 곳을 찾다가 영어도서관으로 먼저 연락을 취해왔다. 영자신문 동아리에서는 영자신문을 가지고 매주 아이들에게 영어를 가르쳤고, 국제리더십학생협회에서는 방학 때마다 외국에서 온 대학생들이 각국의 문화를 소개하고 나누는 시간을 가졌다. 이외에도 도서관에 아이를 데려오던 어머니 중에 자신도 봉사하고 싶다고 섬기신 경우도 있고, 주변에 있는 외국인이나 대학생, 대학원생이 스스로 찾아와 봉사한 경우도 있었다.

이들 프로그램을 통해 도서관이 세상을 연결하는 통로가 되었다. 교회의 사역과 공간을 통해 세상 사람들이 연결되고 서로를 섬기며 선한 영향을 미치게 된 것이다. 그럼 어떻게 이런 사역이 가능했을까?

세상이 제공하지 못하는 것을 교회가 제공했기 때문이었다. 봉사하고 싶은 마음이 있었지만 봉사의 장이 없었는데 교회가 이를 제공했던 것이다. 이렇게 작은 변화와 영향력을 통해 세상이 보다 선하게 변화될 수 있다고 믿는다.

교회 공간을 믿지 않는 사람들이 활용하는 것에 대해 어떻게 생각하는가? 예수님을 믿기 위해 교회에 온다면 환영하겠지만, 단순히 공간만을 이용한다면 달갑게 여기지 않을 수도 있다. 성도들이 헌신해서 만든 공간인데, 믿지 않는 사람들이 이용하는 것에 대해 거부감이 있을 수 있다. 실제로 도서관을 개관한 후 이용자에게 자주 받은 질문은 '자신이 교회를 다니지 않는데 이용해도 되나요?', '도서관을 이용하면 앞으로 교회를 다녀야 하나요?', '다른 교회에 다니는데 이용해도 되나요?'였다. 이들의 질문 속에는 교회에 대해 사람들이 갖고 있는 선입견이 그대로 담겨 있다. 교회를 성도만을 위한 공간이나, 아니면 전도를 위한 공간으로만 보는 것이었다. 그럼 그들이 이런 선입견을 갖게 된 이유는 무엇일까? 결국 현실 교회의 모습이 반영된 것이라고 할 수 있다. 교회는 '공원'과 같은 공간이 되어야 한다. 누구나 언제든지 편하게 와서 누릴 수 있는 공간이 될 때, 세상 사람들에게 자연스럽게 영향을 미치고 복음을 전할 수 있을 것이다.

도서관을 개관하면서 교회 이름을 표시하거나 교회가 운영한다는 사실을 겉으로 드러내지 않았다. 만약 그랬다면 잘못된 선입견으로 인해 도서관의 문을 두드리지도 않는 사람들도 많았을 것이다. 그런데 방문하신 학부모들이 먼저 "누가, 왜 도서관을 운영하나요?"라고 물어 왔다. 이용자들 입장에서는 궁금증이 생길 만하다. 누군가를 섬길 때 이름이 새겨진 큼지막한 현수막을 걸고 기념 사진을 찍는 것부터 시작하는 것이 세상의 문화이기 때문이다. 이름을 밝히지 않았지만 이것이 오히려 사람들에게 궁금증을 일으켰고, 이 궁금증으로 인해 자연스럽게 우리의 섬김의 이유와 동기에 대해 설명할 수 있는 계기가 되었다. 마이클 프로스트(Michael Frost)는 《세상을 놀라게 하라》는 책에서 그리스도인들이 사회 각 분야에 스며들어 궁금증을 유발하는 삶을 살아야 한다고 말한다. 이를 통해 사람들로 하여금 복음에 대한 호기심을 불러 일으켜 그리스도께로 안내해야 한다는 것이다.

아래는 영어도서관에 와서 봉사하는 고3 학생의 소감문 중 일부다.

영자신문반원으로 활동하면서 제가 가지고 있는 영어에 대한 지식과 흥미를 나눌 수 있는 봉사활동을 찾고 있었습니다. 그러던 중 다움영어도서관 봉사활동을 알게 되어 참여하게 되었습니다. 아이들과 함께하는 봉사라 많은 걱정과 기대를 안고 시작했던 영어도서관 봉사는 아이들에게 많은 것을 배울 수 있는 소중한 시간이었습니다.

함께 앉아 영어책을 펼칠 때면 아이들은 영어책의 그림을 보고 직접 이야기를 구성해서 저에게 들려주곤 했습니다. 저는 아이들의 열린 사고와 창의력에 매번 감탄했습니다. 그림을 집중해서 보고 어른들이 무심코 지나칠 수 있는 부분까지 세심하게 파악하여 자신의 상상력을 펼친 이야기를 들려주었기 때문입니다. 제가 일방적으로 영어에 관한 지식을 알려 준다고 생각했던 봉사였는데, 오히려 이이들에게 하나의 이야기를 바라보는 다양한 시각을 배울 수 있었습니다.

또한 아이들은 소통하는 방법도 저에게 가르쳐 주었습니다. 처음에는 어떻게 말을 건넬까 고민도 많이 했지만 이런 고민도 곧 해결되었습니다. 아이들이 먼저 관심을 보이고 다가와 주었기 때문입니다. 마음을 열고 다가오는 아이들 덕분에 저도 적극적으로 소통할 수 있는 자신감을 얻게 되었습니다. 단순히 제가 무엇인가를 가르쳐 주는 곳이라고 생각했는데, 오히려 제가 아이들과 소통하면서 배우고 성장할 수 있는 값진 시간이었습니다. 앞으로도 정기적으로 다움영어도서관에서 봉사를 하면서 아이들과 함께하고 싶습니다.

| 하나님의 풍요로움을 배우다 |

최근 코로나가 전국적으로 확산되면서 정부 시책에 따라 도서관을 휴관한 날이 많아졌다. 자연히 이용자 수도 줄게 되었고 사역도 위축될 수밖에 없었다. 그런데 코로나가 시작된 지 얼마 지나지 않아 도서관으로 편지 하나가 도착했다. 다음은 편지의 내용 중 일부다.

  스승의 날이네요. 저희 딸 은성이의 영어의 스승은 다움영어도서관이라고 생각합니다. 거리두기로 인해 당분간 도서관을 열기는 힘들겠지요? 집에서 조심하고 있습니다.

  가을에나 선생님들을 뵐 수 있을지 모르겠지만 은성이는 영어도서관으로 인해 영어를 사랑하게 되었습니다. 요즘은 집에서 영어도서관에서 했던 것처럼 재미있게 단어 공부, 읽기·듣기 공부를 하고 있으니 영어도서관이 우리 아이의 영어 스승이나 다름없습니다. 요즘은 글이 제법 많은 영어 고전책을 네 시간 이상 너무 재미있게 스스로 읽고 있으니 대견합니다. 다시 한번 우리 동네에 영어도서관을 열어 주신 다움교회에 감사 드립니다. 덕분에 학원에 비싼 강의료를 내면서 영어를 억지로 하는 게 아니라 도서관의 다양한 프로그램을 통해 영어와 친숙하게 되고, 영어를 좋아하게 되고, 영어 공부를 열심히 하게 되었습니다.

  다움교회와 영어도서관 관계자분들께 스승의 날을 맞아 다시 한번 감사를 드립니다. 아~ 그리고 작년 골든벨 퀴즈 때 받은 도서상품권은 네버랜드 클래식 명작 고전책을 사는 데 사용하였습니다.

모두 건강히 지내시길 바라며 스승의 날을 맞아 영어도서관 선생님들께 감사와 사랑을 보냅니다.

코로나로 인해 여러 면에서 위축되어 있었는데, 편지로 인해 위로를 받았던 것 같다. 하나님은 늘 이렇게 우리가 예측하지 못한 때에 예측하지 못한 방식으로 우리를 위해 일하신다. 처음 영어도서관을 시작할 때 책과 책상만 가져다 놓으면 되는 줄 알았다. 그런데 막상 시작하니 필요한 것이 한두 가지가 아니었다.

당시는 개척한 지 몇 개월 되지 않았기에 재정적으로 여유가 많지 않았다. 막상 도서관을 설립하기로 결정은 했지만 재정적으로 어떻게 충당할지 명확한 계획은 없었다. 그런데 어느 날 예전에 알고 지냈던 집사님으로부터 연락이 왔다. 부인 집사님과 이야기를 나누다가 우리 교회를 돕고 싶은 마음이 생겨서 연락을 주셨다. 덕분에 도서관 사역을 위한 초기 투자 비용(보증금 및 인테리어 비용, 기자재 구입 등)을 충당할 수 있었고, 인테리어를 전공한 성도분의 수고로 도서관을 꾸밀 수 있었다. 또한 알고 지내던 또 다른 집사님이 컴퓨터를 비롯해서

멀티미디어 관련 기자재를 기증해 주셨다. 생각해 보면 도서관을 개관하는 데 드는 비용 중 상당 부분이 외부에서 충당되었다.

그동안 도서관 사역을 하면서 배운 점이 있다면 하나님의 풍요로움이다. 선한 마음으로 무작정 시작했고 준비 없이 시작했다. 그래서 부족한 점이 많았지만, 그때마다 하나님께서 기대 이상으로 많은 것을 채워 주셨다. 처음 도서관을 개관했을 때 막연히 우리 도서관에도 원어민 봉사자가 와서 아이들에게 책을 읽어 주면 좋겠다고 생각만 했다. 그리고 가능성이 없기에 깨끗하게 잊었다. 그런데 어느덧 방학이면 외국인 대학생들이 와서 자국의 문화를 소개하고 나누는 모습을 보며 하나님은 우리의 생각보다 크신 분임을 깨닫게 된다.

예수님은 먼저 그의 나라를 구하면 모든 것을 더하시겠다고 말씀하셨다(마 6:33). 물론 매 순간 모든 것을 채우는 하나님의 은혜를 경험하게 되는 것은 아니다. 오히려 부족함을 느낄 때가 더 많은 것이 사실이다. 하루하루 견디기 힘든 나날이 지속되는 것이 솔직한 현실일지 모른다. 다만 시간이 흘러 지나온 길을 되돌아보면 한결같이 발견하게 되는 것이 있다. 그것은 하나님의 선하고 풍요로운 손길이다. 하나님은 예상하지 못한 순간에 기대하지 못했던 방법으로 우리의 필요를 채우시고 우리를 통해 일하셨다.

글래디스 에일워드(Gladys Aylward)라는 선교사가 있다. 그녀는 제2차 세계대전이 발발하기 전 중국에서 선교 사역을 감당하고 있었다. 일본 군대가 중국 북부를 침략했을 때, 그녀는 100여 명의 고아들을 데리고 양쳉으로 피신하게 된다. 당시 상황이 좋지 않았기에, 고아들을 산 속으로 데려가면서도 안전하게 피할 수 있으리라는 기대는 버리고 있었다. 거의 뜬눈으로 밤을 지샌 후 새벽이었다. 13살짜리 어린 소녀가 그녀에게 다가가 모세가 홍해를 갈랐던 이야기를 하게 된다. 모세가 홍해를 갈라 이스라엘을 구원했던 것처럼, 자신들도 구원받게 될 것인지 물은 것이다. 이 이야기를 듣던 에일워드는 "하지만 난 모세가 아니야."라고 조용히 답했다. 그러자 그 소녀는 "물론 아니죠. 하지만 여호와는 여전히 하나님이세요."라고 말했다고 한다. 성경의 하나님은 여전히 오늘 우리의 하나님이시다. 우리가 믿음으로 도전했을 때, 하나님의 선하심과 풍요로움을 맛보게 될 것이다.

다음은 원어민 수업 후 봉사자 소감 중 일부이다.

다움영어도서관 전화통에 불이 났습니다. 무슨 일일까요? '원어민 스토리텔링 10회 강좌 선착순 30명'이라는 문자를 도서관으로부터 받은 어머니들의 수업 신청 전화였습니다. 눈 깜짝할 사이에 정원은 채워졌습니다. 이번에 기회를 얻지 못한 어린이들에게는 미안한 마음으로 다음을 약속했습니다.

저희 영어도서관에는 다양한 책과 시청각 자료, 원어민 수준의 봉사자들은 있지만 원어민 봉사자가 없어 아쉬워하던 중 반가운 소식이 왔습니다. 함께 일하는 캐나다 출신 원어민 동료와 영어도서관에서 봉사를 하겠다는 성도분의 연락을 받고 반갑고 감사했습니다.

지난 월요일은 첫 수업이었습니다. 낯선 외국인을 대하는 아이들의 눈은 반짝반짝 하였고, 그동안 도서관에서 갈고 닦은(?) 영어로 무엇이라도 한마디 건네 보려고 아이들의 입술은 달싹달싹 하였습니다. 마음은 원이로되 말이 나오지 않아 답답해 하는 표정이었지만, 그 열기와 어린이들의 수업 집중도는 놀라웠습니다.

10주간에 걸쳐 진행된 원어민 선생님과의 만남은 아이들에게 큰 도전과 값진 경험이 되었을 것입니다. 여전히 하고 싶은 말을 다하지는 못하지만 이제 아이들에게 원어민 선생님은 더이상 낯설고 어색한 외국인이 아닙니다. 귀한 기회를 주신 제이슨 선생님과 매주 함께 섬겨주신 집사님께 감사를 드립니다.

| 다문화 가정 사역이 시작되다 |

코로나 기간 중 영어도서관 사역을 통해 새로운 사역의 장이 열리게 되었다. 맘스북클럽 회원 중 다문화 가정 어머니로부터 도움 요청이 있었다. 인근에 다문화 가정 자녀들을 대상으로 방과 후 무료 돌봄 교실이 있었는데, 코로나 기간이 길어지면서 후원이 끊겨 문을 닫게 되었다는 것이다. 안타까운 마음에 성도들과 의견을 나누었고, 교회가 이들을 섬기기로 했다. 성경을 보면 과부와 고아를 돌보라는 명령이 지속적으로 나온다. 이는 연약한 자를 돌보라는 사명이기도 하지만, 가정이 바로 세워질 수 있도록 교회가 도우라는 명령이기도 하다. 이런 의미에서 다문화 가정 돌봄 사역은 교회에 주신 중요한 사명이라고 생각했다.

우선 다문화 가정 자녀들의 학습을 도와주는 프로그램을 진행했다. 다문화 가정 자녀 학습 지도는 주로 초등학교 저학년을 대상으로 이루어졌다. 초등학교 저학년의 경우, 학교 과제를 점검하고 간단히 지도만 해도 큰 도움이 되었다. 다만 과목별로 선생님들이 필요하기 때문에 많은 봉사자가 필요했고, 감사하게도 여러 분들이 봉사에 참여해 주셨다. 물론 단순히 학습 지도만 이루어지는 것은 아니었다. 가족 간에 대화를 나누듯이 아이들이 궁금해하는 다양한 주제에 대해 이야기 나누는 것으로도 도움이 되었다. 다문화 가정의 경우 어머니들이 한국 사회의 문화나 현실에 대해 모르는 부분이 많았기에, 봉사자들과의 대화를 통해 자연스럽게 채워 갈 수 있었다. 이를 통해 아이들의 인격 형성과 비전 수립에 도움을 줄 수 있었다. 또한 직간접적으로 복음도 전하고 주일학교에 출석하는 아이들도 생기게 되었다.

다문화 가정 돌봄 사역 역시 자녀만이 아니라 어머니를 섬길 필요가 있었다. 우선 다문화 가정 어머니들을 위한 한국어 교육을 실시하게 되었다. 다문화 가정 어머니들의 경우 언어의 미숙함으로 자녀 교육은 물론 가정 및 사회생활 전반에서 불편함을 느끼는 경우가 많았기 때문이었다. 또한 사회 전반에 만연된 배타적인 분위기로 인해 가정과 사회에서 소외와 부당한 대우를 당하는 경우가 적지 않았다. 그래서 한국어 교육과 더불어 일상 중에 느끼는 불편과 필요에 관심을 갖고 돕고자 노력했다. 물질적인 도움을 주기도 했고, 교회 내 의료인이나 법조인들을 통해 의료적 도움과 법적 자문을 제공해 드리기도 했다. 진심 어린 도움의 손길을 처음으로 느낀 곳이 교회였다는 다문화 가정 어머니의 고백에 감사한 마음이 컸다. 그리고 예배에 초청도 하고 말씀도 전하면서 그들 안에 복음의 씨앗이 심겨 조금씩 자라 감을 느낄 수 있어 더욱 감사했다.

다문화 사역을 시작하면서 느낀 점은 하나님의 계획하심이었다. 우리 교회의 경우 외국인을 대상으로 한국어 교육 학원을 운영하는 분도 있었고 한국어 교육 자격증을 가지신 분들도 있었다. 우리 교회가 다문화 사역을 할 계획을 세우지도 않았는데, 이미 하나님은 사람을 준비하고 계셨던 것이다. 물론 다문화 사역 역시 기능보다는 마음이 중요했다. 다문화 사역의 경우 장기간의 수고와 헌신을 요구했다. 따라서 모든 사역이 그러하듯이 능력으로만 할 수 있는 사역이 아니라, 영혼을 사랑하는 마음이 있어야 가능했다. 하나님은 이런 마음을 가진 사람들을 준비하고 계셨다.

대학부 학생 중 한 명은 미국에 교환학생으로 있는 동안에도 줌(zoom)을 이용하여 시간을 맞춰 다문화 가정 아이들의 학습 지도를 해 주기도 했다. 시차도 안 맞고, 낯선 문화에 적응도 하고 공부도 해야 하고, 해외생활이 흔하지 않은 기회이기에 자신을 위해 활용할 시간만으로도 부족할 텐데, 꾸준히 섬기는 모습에 감사한 마음이 컸다.

다문화 가정 어머니들을 섬기는 것도 마찬가지였다. 단순히 한국어만 가르쳐 주는 것에서 만족할 수도 있었다. 하지만 한 사람에 대해 관심을 갖고 어떻게 하면 더 많은 도움을 줄 수 있을지 애쓰는 모습에 은혜가 되었다. 몸이 아픈 어머니가 있으면 교회 내 의사 선생님에게 부탁해 진료받도록 돕기도 하고, 법적으로 도움이 필요한 분들은 교회 내 법조인에게 부탁해 상담을 받도록 도왔다. 또한 경제적으로 어려운 분들은 십시일반 돈을 모아서 돕고, 교회를 통해 정기적으로 후원받을 수 있도록 도왔다. 이런 수고가 어떻게 가능했을까? 그만큼 영혼을 사랑하는 마음이 컸기 때문일 것이다. 결국 사람을 섬기는 것은 능력이 아니라 마음이다. 바울이 "너희는 더욱 큰 은사를 사모하라"(고전 12:31)고 말한 후에 사랑에 대해 이야기한 것도 이 때문이다. 우리가 가진 은사 중 가장 중요한 것은 바로 '사랑'이라고 할 수 있다.

오늘날 선교에 있어 중요한 변화 중 하나는 선교 현장에 대한 이해다. 전통적으로 선교란 해외에 나가 복음을 접하지 못한 다른 언어 문화권 사람들에게 복음을 전하는 것을 의미했다. 하지만 선교 현장은 단순히 해외 미전도 지역이 아니라, 교회가 존재하는 지역이 되어야 한다는 문제 제기가 이루어졌다. 이러한 통찰을 제기한 대표적인 인물은 영국의 선교학자인 레슬리 뉴비긴(Lesslie Newbigin)이다. 인도 선교사로서 35년간 활동한 그는 본국에 귀국한 후 영국이 더이상 기독교 사회가 아니라 완전히 세속화된 것을 보고 충격을 받게 된다. 이후로 그는 선교 현장은 더 이상 해외 다른 지역이 아니라 바로 영국과 유럽사회 자체라는 사실을 강연과 책을 통해서 역설하기 시작했다.

이런 서구 사회의 경험은 한국 사회에서도 동일하게 나타나고 있다. 과거 한국 교회는 하나님의 은혜로 놀라운 부흥을 경험했다. 하지만 오늘날 젊은 세대를 중심으로 복음화율은 현저히 떨어지고 있다. 교회는 더 이상 사람들에게 매력적으로 다가가지 못하며 전도의 문은 점점 닫혀지고 있다. 서구 사회와 달리 한국 사회는 기독교 중심적 사회 문화가 형성된 적이 없기에, 어쩌면 더욱 빠른 속도로 교회의 영향력을 상실하고 더 큰 위기를 맞이할 수도 있다. 이런 점에서 한국 사회에 대한 선교적 요청은 교회의 생존이 걸린 문제이며, 더 이상 미룰 수 없는 시급한 과제라고 할 수 있다.

물론 이러한 강조가 기존의 타문화권 선교를 등한시하라는 의미는 아니다. 부활하신 예수님은 제자들에게 "예루살렘과 온 유대와 사마리아와 땅끝까지 이르러" 내 증인이 되라고 명령하셨다(행 1:8). 예루살렘은 하나님의 성전이 있는 곳으로, 수많은 사람들이 하나님을 예배하기 위해 모인 곳이었다. 이런 면에서 하나님을 믿는 사람이 가득 찬 것처럼 보일 수도 있었다. 하지만 하나님은 예루살렘에서부터 복음을 전하길 원하셨다. 물론 예루살렘과 유대, 사마리아와 땅끝 중 더 중요하거나 혹은 덜 중요한 장소는 없다. 모두가 중요하며 어떤 곳도 소홀히 해서는 안 된다. 다만 교회의 주된 선교의 현장은 더 이상 해외로 국한되어서는 안 된다. 오히려 교회가 존재하는 곳이 바로 선교 현장이 되어야 한다. 교회가 존재하는 곳에서부터 선교는 시작되어야 한다. 특히 과거에는 주로 해외에 나가야만 타문화권 사람들을 만날 수 있었다. 하지만 이제는 주변에서 자주 그들을 만날 수 있다. 굳이 해외에 나가지 않더라도 타문화권 사람들에게 복음을 전할 수 있게 된 것이다.

2020년 기준 다문화 혼인 비율은 7.6%에 달한다고 한다. 이중 외국인 아내 비율은 66.4%이고 외국인 남편 비율은 18.7%다. 물론 아직까지는 지역적 편차가 큰 편이다. 안산에 위치한 한 초등학교의 경우 전교생 449명 중 한국인 부모를 둔 가정은 단 6명이라고 하며 나머지는 다문화 가정이라고 한다. 반면 서울은 다문화 가정 비율이 3.3%로 전국 평균보다는 낮은 편이다. 다만 다문화화 현상은 앞으로 더욱 가속될 전망이며, 이들을 위한 사역은 앞으로 교회가 감당해야할 중요한 사명이 될 것이다.

그렇다면 한국 사회와 교회는 타문화권 사람들을 맞이할 준비가 되어 있을까? 안타깝게도 이에 대해서는 부정적이다. 우리 사회는 타문화권 사람들에게 호의적이지 않으며, 때로는 배타적이고 차별적인 경우가 적지 않다.

신구약교회를 향한 하나님의 반복적인 명령 중 하나는 나그네를 돌보라는 것이다. 따라서 교회는 사회적으로 소외된 사람들을 도울 수 있어야 한다. 1세기 아테네의 기독교 변증가였던 아리스티데스(Aristides)는 로마 황제 하드리아누스(Hadrianus)에게 기독교를 다음과 같이 설명했다.

> 그들은 서로 사랑합니다. 절대 과부를 보고 그냥 지나치는 법이 없으

며, 고아를 해치는 사람들에게서 고아를 구합니다. 그들은 자신들이 가진 것을 조건 없이 나눠 주고, 나그네를 보면 자기 집으로 데려갑니다. 그리고 진짜 형제처럼 행복해합니다.

이런 초대 교회 성도들의 모습을 보고 로마 황제 율리아누스(Julianus)는 자신의 신하들에게 내린 칙서에서 이렇게 말한다.

우리는 그리스도인들에게 이 제국을 잃게 될 것이다. 왜냐하면 그들은 낯선 자들에게 자선을 베풀고, 죽어 가는 약한 사람들을 돌보며, 그들이 죽으면 자기들의 무덤을 내어 주고, 그들의 아내에게 잘 대하며, 노예들을 형제처럼 대우한다.

자비와 사랑을 통해 하나님의 성품을 세상에 증거하고 모든 민족들에게 복음을 전하고 제자로 삼으라고 하나님은 교회를 부르셨다. 오늘날 여러 나라에서 많은 사람이 우리 도시, 우리 지역으로 몰려오고 있다. 그렇다면 교회의 소명은 명백하다. 그들을 환영하고 돌보고 섬겨야 하는 것이다.

우리 교회는 개척 초기부터 또 다른 나그네인 탈북 청소년들을 섬기고 있다. 정기적으로 탈북청소년 학교 급식 봉사를 지원하고 있으며, 직접 가서 봉사하기도 하고 재료를 후원해 주기도 한다. 처음 봉사를 할 때 맛있는 음식을 만들어 줘도 아이들이 잘 먹지 않았다고 한다. 이유를 살펴보니 먹어 본 적이 없는 음식이었기 때문이었다. 이런 아이들의 모습에 안타까움이 컸다. 하지만 이제는 맛있다며 봉사자들이 올 날을 기다렸다고 인사를 할 때면 봉사의 보람을 느끼게 된다고 한다. 아래의 글은 우리 교회가 섬기고 있는 탈북청소년을 위한 두리하나학교의 교장으로 섬기는 목사님이 보내온 편지의 일부다.

나눔과 섬김. 참으로 아름다운 단어입니다. 그러나 가끔 나눔으로 받은 물건이 너무 낡아 오히려 비용을 지불하고 폐기 처분할 때도 있습니다. 봉사로 오시는 분들도 학교에 확인서 제출을 위하여 오셨다가 시간만 때우고 가시는 분들의 모습도 가끔 눈에 들어옵니다. 그럼에도 감사하지만 우리는 반면교사로 나눔을 실천할 때는 내가 아끼고 사용할 수 있는 물건을 나누고, 섬김은 마음과 정성을 다하자고 다짐해 봅니다.

많은 분들의 섬김과 나눔 중에도 잊을 수 없는 교회는 개척 교회를 시작할 때부터 권사님과 집사님들이 오셔서 두리하나 학생들에게 급식 봉사로 섬겨 주시는 '다움교회'입니다. 오실 때마다 특이하다 할 만큼 진심과 정성을 다하여 최고의 신선한 재료와 솜씨로 섬겨 주시는 그 사랑이 학생들과 온 교우들의 가슴으로 고스란히 전달되는 감동 그 자체입니다.

코로나 때문에 지금은 직접 방문하여 음식을 만들어 줄 수 없는 상황이지만, 며칠 전에도 부자들조차 쉽게 사 먹기 어려운 강남 최고급 한우 설렁탕과 불고기를 직접 구입하시고 정성으로 만든 부침전과 각종 반찬 및 후식으로 과일과 과자 등을 한가득 전달해 주고 가셨습니다.

"사람이 마땅히 우리를 그리스도의 일꾼이요 하나님의 비밀을 맡은 자로 여길지어다" 고린도전서 4장 1절의 '일꾼'이란 말은 배 밑에서 노를 젓는 자라는 뜻입니다. 일꾼, 디아코노스(diakonos)라는 말은 영어로 번역하면 'minister'라고 하며 '봉사자'라는 말입니다. 섬김을 받는 자가 아니라 섬기는 자이며, 위에 있는 자가 아니라 아래에 있는 자를 말합니다. '다움교회' 성도님들은 이 섬기는 것을 은혜라고 말하고 있습니다. 참으로 본받고 싶은 교회요 일꾼들입니다. 감사합니다.

| 잎사귀 하나를 그리다 |

J. R. R 톨킨(Tolkien)이라는 작가가 있다. 그가 쓴 《반지의 제왕》은 C. S. 루이스(Lewis)가 쓴 《나니아 연대기》와 더불어 서양 고전 판타지의 정수로 꼽히는 작품으로, 시리즈 1권인 《반지원정대》는 세계에서 가장 많이 팔린 책 2위이기도 하다. 영화로 제작되기도 한 《반지의 제왕》은 오늘날까지도 전 세계 많은 이들의 사랑을 받고 있다. 이 작품을 쓰는 도중에 톨킨이 쓴 《니글의 이파리》라는 단편소설이 있다.

이 이야기의 주인공은 '니글'이라는 이름의 화가다. 그에게는 꼭 그리고 싶은 그림이 하나 있었다. 그것은 큰 나무 한 그루였다. 그는 이파리 하나에서 시작하여 나무 한 그루 전체의 이미지를 늘 마음에 품고 살았다. 나무 뒤쪽으로 펼쳐진 멋진 세계를 상상하며 꿈에 부풀었다. 다른 그림에는 흥미를 잃었고, 머리 속에 담긴 환상을 담아 내기 위해 사다리를 타고 올라가야 할 만큼 커다란 캔버스(canvas)를 준비했다. 그의 바람은 죽기 전에 이 작품을 완성하는 것이었다.

하지만 좀처럼 진도가 나가지 않았다. 이유는 두 가지였다. 하나는 나무보다 잎에 더 공을 들였기 때문이다. 이파리 하나를 그리는 데 지나치리만큼 오랜 시간과 노력을 쏟아부었다. 음영과 광택, 표면에 맺힌 이슬방울까지 그대로 그리려 온 힘을 쏟았다. 그러다 보니 커다란 캔버스의 상당 부분은 비어 있었다.

다른 하나는 따뜻한 마음 때문이었다. 이웃들이 부탁하는 일들을 처리하느라 니글은 그림에 집중할 수 없었다. 특히 이웃 남자 패리쉬는 그림에는 눈길조차 주지 않고 틈만 나면 찾아와 일을 부탁했다. 니글이라는 이름 뜻처럼 '쓸데없어 보이는 시시콜콜한 일에 시간을 낭비'하고 말았다.

어느 날 니글은 시간이 얼마 남지 않았다는 것을 깨달았다. 그런 상황에서도 페리쉬는 아내가 아프니 빗방울이 떨어지는 차가운 거리를 달려가 의사를 불러 달라고 성화를 부렸다. 결국 니글은 독감에 걸려 고열에 시달렸다. 아픈 몸을 이끌고 어떻게든 그림을 끝내려고 버둥 거리는데 죽음의 사자가 찾아왔다. 니글은 엉엉 울며 외쳤다. "제발, 아직 완성하지 못했단 말이에요." 니글이 죽은 후, 그가 그리던 그림 은 〈잎사귀〉(니글 作)이란 이름으로 사람들의 눈길조차 닿지 않는 마을 박물관 구석에 오래도록 걸려 있었다. 니글은 잊혔고, 그의 작품 또 한 미완성으로 기껏해야 몇몇 사람들에게만 도움이 될 뿐이었다.

이야기의 주인공 '니글'은 톨킨 자신이었다. 《반지의 제왕》 집필에 몰 두했던 톨킨은 어느 순간 막다른 골목에 부닥쳤다. 그는 이전까지 세 상이 보지 못했던 이야기를 써 내겠다는 비전이 있었다. 하지만 거대 한 서사의 일부를 완성하기도 전에 이미 지쳐 있었다. 게다가 2차 세 계 대전까지 터지면서 전생의 참상 가운데 글에 집중할 수 없었고, 작품을 완성하지 못할 것이라는 두려움과 허무함에 사로잡혔다.

그런데 니글은 당대의 수많은 젊은이들의 자화상이기도 했다. 세계 대전이라는 비극이 전 유럽을 휩쓸었고, 많은 이들은 자신이 그리던 캔버스에서 내려와 전쟁터로 나가야만 했다. 그들이 그리던 그림은 미완성으로 수많은 묘비들 중 하나처럼 남겨져 있었다. 니글의 이야 기는 오늘을 사는 우리 모두의 이야기일지도 모른다.

우리는 누구나 꿈이 있고, 사다리를 타고 올라갈 만한 커다란 캔버스 위에 그 꿈을 그리고 싶어 했다. 하지만 현실은 니글의 이파리처럼 초라하고 하찮은 것들만 우리 인생에 남겨진 듯 느껴질 때가 있다. 삶 가운데 주어진 책임에 충실하다 보니(이야기 속의 니글처럼 죽는 순간까지 책임을 다하다가), 정작 자신조차도 꿈을 잊어버리고 사는 것이 현실이다.

하지만 니글의 이야기는 여기서 끝나지 않는다. 세상을 떠난 니글은 하늘나라의 높은 산들로 가는 열차에 태워졌다. 니글에게는 두 가지 음성이 들려왔다. 아무것도 이룬 것 없이 인생을 낭비했다는 꾸짖음과, 남을 위해 희생하는 삶을 살았다는 칭찬의 말이었다. 니글이 하늘나라 가장자리쯤 이르렀을 무렵, 마치 상급처럼 무언가가 눈길을 사로잡았다. 니글은 얼른 그리로 달려갔다. 그것은 바로 그가 완성하고자 했던 그림이었다. 비록 이파리 하나만을 그리고 죽음을 맞이했지만, 하늘나라에서는 그 그림이 완성되어 있었던 것이다. 그것도 실물로 말이다. 니글은 나무를 바라보며 이렇게 말했다.

"이건 선물이야."

톨킨은 왜 이 소설을 썼을까? 자신의 작업이 아무리 초라해 보여도 무의미한 것이 아님을 자신에게 확신시켜 주기 위함이 아니었을까?

삶과 일에, 심지어 자신의 꿈에 지쳐 버린 자신을 위로하기 위해 쓴 것은 아닐까? 삶의 진정한 가치와 평가는 무엇을 이루었느냐가 아니라, 무엇을 꿈꾸고 살았느냐로 결정된다는 사실을 보여 주기 위함이 아닐까? 무언가를 꿈꾸었다는 사실만으로 우리는 이미 선물을 받았음을 말하고 싶었던 것은 아닐까 한다.

그동안 선교적 교회에 대한 비전을 가지고 교회를 세우고자 노력했다. 하지만 어쩌면 니글처럼 잎사귀 하나 그렸을지 모른다. 그리고 우리가 바른 길을 가고 있는지, 아니면 시간을 낭비하고 있는 것인지 확신을 갖지 못할 때도 있다. 하지만 중요한 것은 선교적 교회를 꿈꾸며 세우고자 노력했다는 점이다. 하나님의 나라가 임할 때 우리를 칭찬해 주시리라는 믿음을 갖고 선교적 교회를 향한 여정이 계속되길 소망해 본다.

제2부 조각보 공동체

| 왜 조각보 공동체인가? |

톰 워샴(Tom Warsham)이 쓴 《기러기 이야기》에는 다음과 같은 이야기
나온다.

가을밤 남쪽으로 날아가는 기러기 떼를 본 적이 있는가? 달밤에 날아
가는 기러기 떼는 'ㅅ'자 형으로 줄지어 난다. 그렇다면 기러기들은 왜
이렇게 날아갈까? 이에 대한 연구를 통해 과학자들은 그 이유를 밝혀
냈다. 새들이 날개를 퍼덕이면 그 뒤에 있는 새에게 양력이 작용하게
된다. 그 결과 기러기 떼가 'ㅅ'자 형으로 날 때 혼자 날아가는 것보다
71%를 더 멀리 날 수 있는 것이다.

그런데 기러기 떼는 단순히 'ㅅ'자 형으로만 날지 않는다. 앞서가는 기
러기가 지치면 'ㅅ'자 대열 안으로 들어가고, 대신 다른 기러기가 선두에
서서 날게 된다. 뒤에서 나는 기러기는 함께 날아가면서 우는 소리를 자
주 내는데, 그것은 앞서가는 기러기에게 힘을 내라는 격려의 응원 소리
라고 한다.

한 기러기가 병이 들거나 다른 이유로 떨어지면, 기러기 두 마리가 함께 대열에서 이탈하여 상처 난 기러기를 보호하고 돕게 된다. 두 마리의 기러기는 상처 난 기러기가 회복되어 다시 날 수 있을 때까지 옆에서 기다린다. 그런 다음 함께 대열을 지어 날아가든지 다른 기러기 떼들과 함께 날면서 자기 떼를 쫓아가게 된다.

세상은 실패에 대한 대안으로 능력을 제시한다. 우리가 실패하는 이유는 실력이 부족하기 때문이며, 따라서 능력을 키우라고 말한다. 하지만 아무리 뛰어난 사람도 언젠가는 실패를 경험할 수밖에 없다. 이런 점에서 세상이 말하는 대안은 인간의 연약함에 대한 무지에서 비롯된 것이라고 할 수 있다. 하나님은 실패에 대한 대안으로 공동체를 주셨다. 우리가 넘어졌을 때 함께 울고 함께 기도해 줄 사람들이 있다면, 우리는 다시 일어설 수 있기 때문이다. 안타까운 점은 오늘날 개인주의가 만연해지면서 공동체의 가치가 점점 희석되고 있다는 점이다.

성경에서 교회가 무엇인지를 가장 잘 보여 주는 비유 중 하나는 몸과 지체의 비유다. 로마서 12장 4~5절에서는 이렇게 말한다.

> 우리가 한 몸에 많은 지체를 가졌으나 모든 지체가 같은 기능을 가진 것이 아니니 이와 같이 우리 많은 사람이 그리스도 안에서 한 몸이 되어 서로 지체가 되었느니라 _롬 12:4-5

왜 성경은 교회를 인간의 몸에 비유했을까? 이는 교회의 통일성과 다양성을 보여 주는 것으로, 여러 신체 부위가 모여 하나의 몸을 이루는 것처럼 다양한 모습과 은사를 가진 사람들이 함께 교회를 세워 나가길 원하는 것이다.

몸은 다양한 신체 부위로 구성되어 있다. 이들 신체 부위 중에는 팔과 다리와 같이 눈으로 보이는 지체가 있는 반면, 뼈와 신경, 혈관과 같이 눈에 보이지 않는 지체도 있다. 그런데 겉으로 드러난다고 중요하거나, 그렇지 않다고 덜 중요한 것은 아니다. 모든 신체 부위는 각자가 맡은 역할이 있고, 이를 감당하지 못할 때 몸 전체는 심각한 피해를 입게 된다. 예를 들어 뇌에는 우리가 알지 못하는 수많은 혈관들이 흐르고 있는데, 그중 하나라도 막히거나 터지게 되면 몸을 움직이지 못하거나 심하면 죽음에 이를 수도 있다. 따라서 모든 신체 부위는 예외 없이 중요하다고 할 수 있다.

하나님은 우리를 부르실 때 단 한 사람도 무의미하게 부르지 않으셨다. 모든 성도는 그리스도의 몸인 교회를 위해 각자가 채워야 할 빈자리가 있다. 이런 점에서 하나님 교회는 작은 조각 천들을 모아 만든 조각보(혹은 작은 조각들을 모아 만든 모자이크)와 같은 공동체가 되어야 한다. 한두 가지의 천이나 실이 아니라 다양한 모양과 색깔의 실과 천들을 모아 함께 만들어 가야 하는 것이다. 이것이 하나님께서 원하시는 공동체의 모습이며 세상과 다른 하나님 나라만이 갖고 있는 독특한 힘과 아름다움의 상징이라고 믿는다.

종종 능력이 부족해서 섬길 수 없다는 말을 듣는다. 하지만 이는 사역에 대한 잘못된 이해에서 비롯된 것이다. 교회는 인간의 지혜나 힘으로 섬기는 곳이 아니다(벧전 4:11). 오히려 인간의 지혜와 힘은 교회를 섬기는 데 방해가 되는 경우가 많다. 자신의 능력을 자랑하느라 정작 하나님을 의지하지 못하기 때문이다. 가끔 주차 위반 경고장을 차량에 붙이는 경우가 있다. 쉽게 찢어지는 종이 한 장이지만, 차량에 붙어 있으면 제거하기가 쉽지 않음을 경험한다. 결국 중요한 것은 우리의 능력과 지혜의 크고 적음이 아니라, 얼마나 하나님을 의지하고 있는가에 달려 있다. 하나님만을 온전히 의지할 때, 성령님께서 은사도 주시고 우리를 통해 일하실 것이다.

안타까운 점은 오늘날 많은 그리스도인들이 하나님의 부르심과 자신의 가치, 성령의 능력을 깨닫지 못한 채 인생을 낭비하고 있다는 것이다. 그 결과 대다수의 성도들이 주체가 아닌 객체로, 주인공이 아닌 구경꾼으로, 참여자가 아닌 소비자가 되어 신앙생활을 하는 경우가 많다. 하나님께서 교회를 세우시면서 가지셨던 꿈과는 전혀 다른 모습의 교회가 된 것이다. 따라서 어떻게 하면 모든 성도들이 교회의 주체이자 주인공이 될 수 있을지 고민하면서 교회를 개척하게 되었다.

나의 선조는 노예선을 타고 이 땅에 왔습니다. 나의 부모님은 하인이었고 미용사였으며 경비원이었습니다. 하지만 사우스캐롤나이나에서 보냈던 나의 유년 시절, 나의 어머니는 슬퍼하지 않았고 우리는 춥지 않았습니다. 대신 어머니께선 털 헝겊, 실크, 방수 천, 부대 자루 등 구두나 간신히 닦아 낼 수 있는 조각 천을 모았습니다. 그리고 기운찬 손놀림과 튼튼한 끈으로 조각 천을 꿰매어 훌륭한 누비이불(조각보)을 만들었습니다. 그것은 힘과 아름다움과 교양을 상징했습니다. 우리가 만들어 갈 나라는 한 가지 실, 한 가지 색깔, 한 가지 천으로 짜여진 담요가 아닙니다. _제시 잭슨(Jesse Jackson)

| 이름 없는 교회 |

처음 개척을 준비할 때 많이 들었던 질문 중 하나는 "어디서 개척하느냐?"였다. 이에 대한 답변은 "모른다."였다. 특정 지역을 염두에 두고 개척을 시작한 것이 아니었기에 이렇게 답할 수밖에 없었다. 지역도 정하지 않고 무작정 기도 모임을 시작했기에 염려가 되었지만, 참석자 중 한 분이 "대전 이남만 아니면 함께하겠습니다."라는 격려의 말에 힘을 얻었던 것 같다.

지역과 더불어 많이 들었던 질문 중 하나는 "교회 이름이 무엇인가?"

였다. 교회 이름에는 교회가 추구하는 비전이 담겨 있기에 보다 중요한 질문이라고 할 수 있다. 그런데 이에 대한 답변 역시 "모른다."였다. 조금은 무책임하고 불성실한 답변으로 비춰질 수도 있었을 것이다. 모든 질문에 한결같이 "모른다"라고 답했기 때문이다.

그럼 왜 교회 이름을 정하지 않았을까? 보통 교회 이름은 개척하는 목회자가 정하는 경우가 많다. 하지만 교회 이름을 정하는 것부터 성도들과 함께 하고 싶었다. 오늘날 많은 성도들이 교회의 주체가 아닌 객체가, 생산자가 아닌 소비자가 되고 있다. 어떻게 하면 성도들이 관중이 아니라 주인공이 될 수 있을지를 고민했고, 이를 위한 효과적인 방법은 '참여'라고 생각했다. 그래서 교회 장소와 이름을 정하는 것부터 성도들과 함께 하길 원했고, 이를 통해 교회의 주체로 세우고자 했다.

이렇게 교회 이름도 없이 개척을 하다 보니 불편함도 많았다. 어느 교회를 다니냐는 질문에 짧게 답하지 못하고 장황하게 설명해야 했다. 공간을 임대할 때도 어느 교회에서 왔냐는 질문에 바로 답하지 못해 이상한 종교 단체는 아닌지 의심을 받기도 했다. 외부에서 교회를 찾아온 분들에게 교회를 소개하는 데도 어려움이 있었다. 이름이 없으니까 모든 절차가 복잡해졌다. 교회 등록은 물론이고 은행 통장도 교회 명의로 만들 수가 없었다. 그래서인지 몰라도 굳이 이렇게까지 해야 하나라는 생각이 들기도 했다.

이렇게 6개월 정도 이름 없이 지내다가 교회 이름을 성도들에게 공모하게 되었다. 6개월이나 기다린 것은 어느 정도 성도들이 교회에 정착하면 함께 정하고 싶었기 때문이었다. 성도라면 누구나 교회 이름을 제안할 수 있었고, 제안된 이름들을 가지고 성도들의 투표로 최종결정하기로 했다. 물론 교회 이름을 공모하면서도 내심 얼마나 참여할지와 이런 과정이 얼마나 의미가 있을지 의구심도 있었다. 그런데 교회 이름을 공모하면서 어느 성도님이 이런 글을 남겼다.

> 안녕하세요. 저는 예배를 참석하고 있는 아무개 집사입니다. 교회 이름을 공모하고자 합니다. 교회 이름은 ○○ 교회이고, 이유는 ~~~ 때문입니다. 제가 개척 교회 목사인양 잠시 즐거운 고민을 했습니다.

특히 마지막 부분의 "개척 교회 목사인 양 잠시 즐거운 고민을 했다."라는 문구가 마음에 와닿았다. 성도 모두가 주체가 되어 교회를 세우길 원했는데, 자신이 개척 교회 목사가 된 듯한 기분이 들었다는 말에 그동안의 기다림이 보상을 받는 것 같았다. 성도들이 이런 마음으로 교회 생활을 한다면, 하나님께서 우리 공동체를 더욱 기뻐하실 것이라는 확신이 들었다. 특히 이런 과정이 성도들에게는 즐거움으로 다가온 것 같아 더욱 감사했다.

이렇게 결정된 이름이 '다움교회'였다. '다움'이라는 이름에는 교회 다운 교회, 그리스도인 다운 그리스도인이 되고자 하는 바람이 담겨 있었다. 물론 개인적으로는 '다움'이라는 이름에 부담이 있었다. 이름만 거창하고 현실은 그렇지 못하면 어쩌나 염려가 되었기 때문이다. 하지만 이름이라도 부르면서 우리 자신의 모습을 끊임없이 점검하며 다듬을 수 있다는 기대에 하나님께서 필요한 이름을 주셨다고 생각했다. 아래는 주보에 실리는 '다움'이라는 이름에 대한 설명이다.

> '~답다'라는 말은 하나님께서 우리를 지으신 목적에 어울린다는 뜻입니다. '~답다'라는 말처럼 하나님의 마음을 기쁘게 하는 말은 없을 것입니다. '다움'은 교회가, 그리스도인이, 우리가 추구해야 할 푯대입니다.

> '~답다'의 또 다른 표현은 '닮는다'입니다. "그리스도인 답다"라는 말은 우리의 모습 속에서 예수님을 발견하게 된다는 뜻이기 때문입니다. '다움'은 그리스도를 닮아 간다는 것을 의미합니다.

> '~답다'라는 말은 '다르다'로 나타나야 합니다. "그리스도인 답다"라는 말은 세상 사람들과는 다르다는 뜻이기 때문입니다. '다움'은 세상과 다르게 살아간다는 것을 의미합니다.

> '~답다'라는 말은 '기쁘다'로 느낄 수 있어야 합니다. "그리스도인 답

다"라는 말은 세상이 모르는 참된 기쁨과 행복을 누리고 있다는 뜻이기 때문입니다. '다움'은 세상이 모르는 기쁨이 넘쳐난다는 것을 의미합니다.

'다움'은 그리스도를 닮아 가고 세상과 다르게 살아가는 기쁨이 넘치는 사람들이 모인 공동체입니다.

장소 역시 마찬가지였다. 장소의 선정 역시 모두가 함께 정하고 싶었다. 그래서 지역을 정하지 않고 기도 모임을 시작했다. 물론 이로 인해 어려움도 있었다. 구체적인 지역이 결정되기 전까지는 사람들이 개척 과정에 적극적으로 동참하는 것이 쉽지 않았다. 또한 장소를 구하는 과정이 장기화될 경우, 개척 전에 너무 많은 에너지를 소모하게 되고 정작 개척을 할 때 동력을 잃을 가능성도 있었다. 하지만 지역과 장소를 위해 기도하는 과정을 통해 누린 유익도 컸다.

우선 함께 장소를 찾는 과정에서 성도들의 마음이 모아짐을 느낄 수 있었다. 몇몇 분들은 자발적으로 장소를 찾아보기도 했다. "목사님이 기도만 하고 있는 것 같다."라며 본인들이 직접 나선 것이다. 이런 과정을 통해 교회에 대한 애정도 커지고, 교회의 주체가 되는 계기도 되었다. 접근성에서부터 시작해서 주변 환경 등 여러 가지를 고려하며 장소를 찾는 과정에서 교회에 대한 이해도 깊어질 수밖에 없었다.

상해에 있는 대한민국 임시정부를 방문했던 적이 있다. 임시정부를 방문하고 처음으로 든 느낌은 '작다'는 것이었다. 한 나라를 대표하는 정부 건물이라고 하기에는 너무나 초라해 보였다. 그럼에도 불구하고 그곳에서 나라를 되찾기 위해 노력했을 사람들을 생각하니 가슴이 뭉클해졌다. 결국 중요한 것은 공간이나 외적 환경이 아니다. 어떤 사람들이 모여 무엇을 꿈꾸는지에 있다. 비록 장소는 불확실했지만, 함께 장소를 찾는 과정을 통해 사람들이 함께 교회에 대한 꿈을 꾸고 있었고, 교회는 이런 과정을 통해 이미 조금씩 세워지고 있었다.

장소 선정 과정에서 누린 또 다른 유익은 하나님에 대한 확신이었다. 기도 모임을 시작한 지 2달 넘게 지나갔지만, 예배 처소가 정해지지 않았다. 게다가 당시 기도 모임을 하던 장소를 더 이상 사용할 수가 없게 되어 고민이 컸다. 어디로 가야 할지 막막하던 그때 아는 집사님으로부터 연락이 왔다. 그 집사님과 만나 대화를 나누던 중 자신이 아는 학교가 있다며 한번 연락을 해보겠다고 말했다. 그 결과 현재 예배 드리고 있는 학교 강당을 임시로 빌려서 주일 예배를 드릴 수 있게 되었다.

사실 그 집사님은 기도 모임에 참석하지 않았기에 그 집사님을 통해 장소를 구하게 될 것이라고 기대하지 못했다. 그동안 많은 분들이 장소를 찾고자 노력했지만, 결국 뜻밖의 방법으로 가장 적합한 장소로 인도하신 것이다. 우리가 직접 찾아도 은혜가 되겠지만, 예상 밖의 방법으로 장소를 마련하게 되니 그곳에 보내신 분이 하나님임을 더욱 확신할 수 있었다. 분명 교회를 세우기 위해서는 인간적인 노력과 헌신이 필요하고, 우리의 땀과 눈물을 통해 교회는 자라간다. 하지만 결국 교회를 세워 가는 분은 하나님이시다. 장소를 구하는 과정 속에서 하나님께서는 이 사실을 우리에게 알려 주시고, 하나님만을 의지하는 법을 배우길 원하셨던 것 같다.

그럼 그동안 장소를 찾는 노력이 헛된 수고였을까? 그렇지 않다. 장소를 구하는 과정을 통해 합당한 장소를 구하는 것이 얼마나 어려운지 다들 느끼게 되었다. 만약 이런 과정 없이 하나님께서 장소를 주셨다면, 그 소중함도 느끼지 못하고 감사하지도 못했을 것이다. 이 시간들이 있었기에 모두가 함께 감사함으로 개척 예배를 드릴 수 있었다.

이는 기도도 마찬가지다. 하나님께서는 우리의 필요를 아시고 때가 되면 채워 주실 텐데 왜 기도해야 하는가? 우리가 기도하는 이유는 우리 자신 때문이다. 하나님께서는 우리의 필요를 아신다. 오히려 모르는 것은 우리 자신이다. 그렇기 때문에 기도를 하다 보면 기도의 내용이 바뀌는 경험을 하게 되는 것이다. 기도를 통해 우리 안에 변화가 일어나고 영적으로 성장과 성숙을 경험하게 되기 때문에 기도해야 하는 것이다.

지역과 이름은 물론, 처음 개척할 때는 개척 멤버조차 없었다. 개척을 위한 첫번째 기도 모임을 하기 전날이었다. 아는 집사님으로부터 연락이 왔다. "목사님 내일 몇 분이나 오세요?"라고 물었다. 개척을 위해 기도하다가 걱정이 되어 전화하신 것이다. 그때도 답은 "모르는데요."였다(그나마 한결같음이 장점이었던 것 같다). 그러자 "그럴 줄 알았어요. 내일 봬요."라며 대화를 마쳤다. 개척을 위해 함께 염려하는 마음에 감사함이 컸다.

주변 분들에게 개척을 위한 기도 모임 소식을 알리긴 했지만, 기도 모임에 참석하거나 개척 멤버가 되어 달라고 부탁하진 않았다. 사람들에게 부담을 주고 싶지 않았기 때문이었다. 당장 첫 기도 모임 이후 반주자조차도 섭외하지 않은 상황이었다. 모든 사역이 그렇지만, 개척을 하다 보면 아무것도 보이는 않는 순간을 만나게 된다. 주변에 의지할 사람도 없고, 무엇 하나 준비된 것도 없고, 과연 할 수 있을지 의문이 드는 때가 존재한다. 그때가 하나님께서 우리에게 질문하는 순간이라고 생각한다. 다른 무엇도 아닌 오직 하나님만을 의지하고 이 길을 갈 수 있는지를 물으시는 것이다. 이 질문에 "예"라고 답할 때 하나님께서는 우리 가운데 일하시기 시작한다.

첫 날 기도 모임 후 참석한 사람들끼리 삼삼오오 교제를 나누는 시간이 있었다. 그 자리에 참석했던 어느 집사님이 반주자가 없다는 이야기를 듣고 섬겨 주기로 했다. 피아노를 전공했고 청년 때에는 반주 봉사도 했는데, 장년이 되어서는 거의 반주를 하지 않은 분이었다. 그런데 이상하게도 그날 처음 기도 모임에 나왔고 나와 개인적으로 친분도 없는데 하나님께서 반주로 섬기라는 마음을 주신 것이다. 우리 교회는 이렇게 나오기 시작해서 지금까지 동역하는 분들이 많다. 이렇게 찬양, 반주, 안내, 주일학교 등 부족한 부분이 하나둘씩 채워지는 은혜를 맛보았다. 특히 국제제자훈련원에서 함께 사역했던 형제가 많은 부분을 섬겨 주었는데 큰 힘과 도움이 되었다. 돌이켜 보면 아무것도 없었기에 하나님만을 의지했고, 덕분에 하나님의 채우심을 더욱 풍성히 맛보았던 시간이었던 것 같다.

다음은 개척을 위한 기도 모임에 참석했던 분이 쓴 소감 중 일부다.

기도 모임에 나오기 1년 전부터 육체적으로나 영적으로 많이 지쳐 있었습니다. 예배와 말씀에서 은혜를 받을 수 없으니 점점 짜증만 늘고 남편과의 다툼도 잦아지게 되었습니다. 그로 인해 영적으로도 게을러져 비나 눈이 오는 날이면 아이들 둘을 혼자 돌봐야 하는 상황이 힘들어 예배를 빠지기 일쑤였습니다. 또 아이들이 조금만 아파도 잘됐다 하는 마음으로 죄책감 없이 집에서 쉬는 경우가 많아졌습니다. 아이들을 돌보는 것이 힘들게만 느껴졌고 왜 나만 힘들까 하는 생각을 자주 했던 것 같습니다.

그러던 중 양승언 목사님이 개척을 위한 기도 모임을 한다는 소식을 접했습니다. 바쁜 남편을 졸라 아이들을 남편에게 맡기고 기대하는 마음으로 첫 기도 모임에 참석하게 되었습니다. 정말 가뭄에 단비와 같은 은혜가 임했고 참으로 오랜만에 예배다운 예배를 드렸다는 감동으로 인해 세 번째 기도 모임까지는 눈물이 멈춰지지 않는 은혜를 경험하게 되었습니다.

남편이 바빠 혼자 아이들을 기도 모임에 데리고 가야 하는 상황이 생겨도 신기하게 하나도 힘들게 느껴지지 않았습니다. 기쁜 마음으로 서둘러 기도 모임에 가는 나 자신을 보며 은혜의 회복됨이 느껴졌고 신기하게도 느껴졌습니다. 우리 가정은 양승언 목사님과 전혀 알지 못하고 아무런 연고도 없었던 사이인데 기도 모임이 열린다는 사실을 알게 하시고 은혜까지 받게 하시니 이 모든 것이 하나님의 선하신 인도하심이라는 것을 부정할 수 없었습니다. 7주간의 기도 모임을 무사히 끝내고 갈 곳도 특별한 계획도 뚜렷하지 않았던 기도 모임 가족들에게 놀라운 타이밍에 예배 장소를 허락하시고 갈 곳 없던 우리의 마음을 위로하고 만져 주시는 하나님을 찬양하며 깊은 감사를 드립니다.

| 죽음이 비전인 교회 |

교회 장소를 구하기 위해 한창 애쓰고 있을 때였다. 선배 목사님으로
부터 연락이 왔다. 교회 장소를 구했는지 물으신 후, 주일 오후에 자
신이 담임하는 교회의 공간에 여유가 있으니 그곳에서 기도 모임을
하라고 말씀하셨다. 평소에 자주 교제를 나누던 관계도 아니고 특별
히 부탁드린 것도 아니었는데, 어려움을 헤아려 먼저 제안하신 것이
다. 비록 공간의 여유가 있다고는 하지만 다른 교회에 선뜻 빌려주기
가 쉽지 않은 일이기에 감사한 마음이 컸다. 물론 예배 장소가 정해
지면서 그곳을 사용하지는 않았지만, 그 마음만으로도 큰 위로가 되
었다.

개척을 위한 첫 기도 모임을 하던 날 반가운 손님이 왔다. 나에게 훈
련을 받고 사업차 필리핀에 출국했던 집사님인데, 국내에 일이 있어
방문했다가 기도 모임에 온 것이었다. 오랜 만에 가족과 함께 귀국
한 터라, 여러 모로 분주할 텐데 감사하게도 기도 모임에도 참석하셨
다. 또한 출국 전에 아내 분과 함께 잠시 교제를 나누는 시간도 가질
수 있었다.

아내 분의 아버지는 목사님으로 전주에서 개척 교회를 하셨다. 그런
데 갑자기 건강이 악화되면서 투병 생활을 하다가 먼저 하나님의 부

르심을 받았다. 작은 개척 교회인 데다가 후임 목회자를 정하지 못하고 돌아가셨기에, 시간이 흐름에 따라 성도 분들은 떠나고 마지막에는 5~6명의 성도만이 남아 교회를 지켰다고 한다. 하지만 결국에는 교회를 정리하기로 결정하게 되었고, 교회를 정리하면서 남은 재정의 일부를 새롭게 개척하는 우리 교회에 헌금하고 싶다고 하셨다. 한편으로 감사하기도 했지만, 한 교회의 마지막 생명과도 같은 물질을 받는 것이 부담스럽기도 했다. 이런 마음을 기억하고자 영어도서관 지하 세미나실의 이름을 우리 교회에 후원했던 '송천교회'의 이름을 따서 '송천홀'이라고 붙였다.

예전에 어느 이민 교회 목사님이 성도들과 함께 "아름답게 죽는 비전"을 나누고 있다는 이야기를 들은 적이 있다. 그 교회는 역사와 교세를 자랑하던 교회였는데, 지역 내 이민 인구 자체가 크게 감소하고 성도들이 고령화되면서 이런 비전을 갖게 되었다고 했다. 당시에는 독특한 비전이라는 생각이 들었는데, 시간이 지날수록 그분의 말씀이 마음에 많이 남았다. 사실 모든 교회는 언젠가 죽는다. 성경에 나오는 교회들이 그랬고, 기독교 역사상 100년 이상 쓰임받는 교회는 없었다. 오히려 죽지 않으려고 애쓰는 것은 인간적인 생각일 뿐이다. 결국 '아름답게 죽느냐, 그렇지 않느냐'의 차이만 있을 뿐이다. 오히려 아름답게 죽을 수 있을 때 교회는 더욱 큰 영향력을 갖게 된다. 이는 예수님이 보여 주신 모범이다. 요한복음 12장 24절에서 예수님은 이렇게 말씀하신다.

> 내가 진실로 진실로 너희에게 이르노니 한 알의 밀이 땅에 떨어져 죽지 아
> 니하면 한 알 그대로 있고 죽으면 많은 열매를 맺느니라 _요 12:24

예수님은 자신을 썩는 밀알에 비유하셨다. 예수님께서 이 땅에 오신 이유는 썩는 밀알이 되기 위함이었다. 실제로 십자가 위에서 썩는 밀알이 됨으로 많은 이들이 구원과 생명을 얻었다. 계속해서 예수님은 이렇게 말씀하셨다.

> 사람이 나를 섬기려면 나를 따르라 나 있는 곳에 나를 섬기는 자도 거기 있
> 으리니 사람이 나를 섬기면 내 아버지께서 그를 귀히 여기시리라 _요 12:26

예수님은 자신을 섬기려면 자기를 따르라고 말씀하셨다. 따른다는 것은 예수님을 닮아 간다는 의미다. 따라서 예수님의 몸인 교회 역시 예수님처럼 썩는 밀알이 되어야 하는 것이다.

우리 교회는 다른 교회의 후원 없이 개척을 시작했다. 그런데 처음 우리 교회를 후원한 교회가 썩어진 밀알이 된 교회였다는 사실이 마음에 많이 남았다. 이렇게 하신 이유가 무엇일지 고민하게 되었다. 우리 교회 역시 썩는 밀알이 되라는 비전을 주기 위함이라고 생각했

다. 그래서 이제 막 개척했음에도 불구하고 성도들과 아름답게 죽는 비전에 대한 이야기를 나누었다. '죽고 사라지는 것'이 비전이라고 생각하니, 교회에 대해 새로운 시각으로 바라보는 은혜를 누렸다.

개인적으로 빌립보서 1장 21절 말씀을 좋아한다. "이는 내게 사는 것이 그리스도니 죽는 것도 유익함이라" 목회자가 되기 전 청년부 시절부터 좋아했던 말씀이다. 본문이 말하는 뜻을 깊이 묵상하지도 않았는데도 이상하게도 이 말씀을 좋아하게 되었다. 그리고 인생의 고비고비마다 중요한 선택의 순간에는 이 말씀이 큰 힘이 되었던 것 같다. 바울이 바울 될 수 있었던 이유도 이런 마음가짐 때문이었을 것이다. 죽고 사라지는 것이 비전이 될 때 우리의 삶 가운데 그리스도가 나타나고 하나님 앞에 더욱 아름답게 쓰임받을 수 있을 것이다.

개척을 하기 전 지금의 한국 교회를 '침몰해 가는 타이타닉'에 비유하는 말씀을 들은 적이 있다. 배가 침몰하기 전에는 쏠림 현상이 일어난다. 배의 위기를 감지하고 사람들은 안전한 곳으로 모여들게 된다. 함께 모여 있기에 자신들은 괜찮을 것이라고 착각하지만, 실제로 배가 침몰하고 있고 누구도 안전하지 않다. 우리 교회와 세대는 괜찮을지 모르지만, 한국 교회라는 배는 지금 침몰하고 있다는 경고와 각성을 촉구하는 메시지였다. 정확한 현실 진단이라는 생각에 꽤 오랫동안 마음에 남는 메시지가 되었다. 이런 현실 속에서 한국 교회라는 큰 조각보의 한 조각인 우리 교회는 무엇을 남겨야 할지 고민하게 되었다. 우리 교회가 전형적인 교회와는 다른 다양한 시도를 하는 것 역시 이 때문이다.

우리 교회가 상징처럼 사용하고 있는 조각보는 "모두가 함께"라는 비전이 담겨 있다. 그런데 "모두가 함께"라는 비전을 이루기 위해 필요한 것이 있다. 그것은 썩는 밀알이 되는 것이다. 교회 내 각종 디자인을 담당하는 집사님이 조각보를 디자인하면서 쓴 글에는 다음과 같은 내용이 나온다.

우리는 각자 좋아하는 색깔이 있듯이 삶의 모습 또한 제각기 다릅니다. 어떤 이는 빨강, 어떤 이는 핑크, 갈색, 회색, 검정, 노랑, 흰색 등. 하지만 수많은 색깔들은 어떤 색이 더 아름답고 덜 아름답다고 할 수 없습니다. 이러한 독특한 색깔의 사람들이 모여 아름다운 조각보를 이룹니다. 그러나 모두가 욕심껏 색을 드러낸다면 주님의 십자가는 없는 일반 조각보에 지나지 않을 것입니다. 자신의 색깔을 한 단계 내려놓고 섬김을 실천할 때 비로소 예수님의 십자가가 드러나게 됩니다. 그것이 바로 주님께서 원하시는 조각보일 것입니다.

개척 교회를 하다 보니 다양한 사람들이 모이게 되었다. 다양한 신앙 경험과 영적인 바람, 교회에 대한 나름의 청사진을 가진 사람들이 모였다. 이런 차이를 극복하는 작업이 쉽지만은 않았다. 이로 인해 서로에게 실망하고 상처를 입기도 했다. 특히 '다름'을 '틀림'으로 바라보는 시선이 서로를 힘들게 만들었다. 이런 점에서 집사님의 글에 공감이 되었다. 자신의 색깔을 주장하기보다는 자신의 색을 내려놓을 줄 아는 성숙함이 있을 때 "모두가 함께"라는 비전을 이룰 수 있기 때문이다. 사실 이런 내려놓음은 결코 쉬운 일이 아니다. 특히 목회자인 나부터가 그랬다. 어쩌면 오늘날 교회의 많은 문제점은 목회자에게 모든 것이 집중되기 때문일지 모른다. 이런 점에서 나는 얼마나 내려놓음을 잘하고 있는지 늘 자문해 본다.

교회라는 공동체를 통해 나타내야 할 모습은 무엇일까? 그것은 예수 그리스도이다. 왜냐하면 교회는 그리스도의 몸이며, 성도는 그리스도의 향기가 되라고 부르심을 받은 사람이기 때문이다. 그럼 어떻게 하면 그리스도를 나타낼 수 있을까? 각자가 자신의 색을 맘껏 드러낸다면 결코 예수님의 모습을 나타낼 수 없을 것이다. 오히려 자신의 색을 '톤 다운'(Tone Down, 자신의 색깔을 덜 드러내는 것)할 때 우리 가운데 겸손하신 예수님의 모습이 나타나게 될 것이다. 어쩌면 자신만의 색깔을 잃는 이유 역시 자신만의 색을 집착하고 드러내려는 욕심 때문일지 모른다. 자신의 색깔은 다른 색과의 조화를 이룰 때 오히려 빛날 수 있다. 결국 자신만의 색깔을 톤 다운할 때 하나님께서 원하시는 공동체를 세워갈 수 있고 각자의 색도 빛날 수 있는 것이다.

| 허술하고 미련한 교회 |

흔히 신뢰는 좋은 것이라고 생각한다. 하지만 신뢰는 좋은 것이 아니라 필수적인 것이다. 예를 들어 밥을 먹다가 돌을 씹었다고 가정해 보라. 그 뒤부터는 혹시 돌이 있지 않을까 조심스레 씹게 된다. 신뢰를 잃으면 그만큼 속도는 떨어지고 비용은 증가할 수밖에 없다. 실제로 미국의 경우 9·11 테러 이전에는 공항에 여행객들이 30분 전에 도착하면 수속이 가능했지만, 테러 이후에는 보안의 강화로 2~3시간 전에 공항에 도착해야 했다. 이용객 수를 감안할 때 엄청난 시간과 비용을 사회적으로 낭비하게 된 것이다. 그만큼 신뢰는 중요하다. 이는 교회 사역도 마찬가지다. 신뢰도 저하는 필연적으로 교회 사역 전반에 악영향을 미칠 수밖에 없다. 오늘날 사람들이 교회를 떠나는 중요한 이유 중 하나도 교회나 목회자에 대한 신뢰를 잃어버렸기 때문이다. 따라서 공동체의 신뢰도를 높이는 것은 매우 중요한 과제라고 할 수 있다.

존경하는 선배 목회자 중 한 분은 늘 '목회는 마음 얻기'임을 강조하셨다. 목회자는 성도의 마음을 얻기 위해 전념해야 한다는 것이다. 처음 들을 때는 옳은 이야기라고 생각했지만, 막상 개척을 하다 보니 그 말의 의미가 무엇인지 절감하게 되었다. 신뢰가 없이는 사역의 열매는 물론 공동체 자체를 세워 가기 힘들었다. 실제로 성도의 마음을 얻기까지 많은 시행착오도 겪었고 이로 인해 아픔과 상처도 많았다.

그럼 어떻게 신뢰를 얻을 수 있을까? 무엇보다도 조급증을 버려야 할 것이다. 신뢰 형성을 위해서는 절대적인 시간과 노력이 필요하다. 다만 콩나물 시루에 물을 붓듯이 정직히 하나님 앞에서 섬기다 보면 신뢰는 쌓여 가는 것 같다.

그런데 신뢰 형성에 도움이 되었던 방법 중 하나는 '투명성'이었다. 예를 들어 자녀의 핸드폰에 비밀번호가 없다면, 부모는 자녀가 숨기는 것이 없다고 생각하며 신뢰하게 될 것이다. 마찬가지로 교회 내 정보를 누구나 언제든지 열람할 수 있다면, 교회의 신뢰도는 높아질 수밖에 없다. 우리 교회의 경우 매월 재정 정보와 운영위원회 회의 내용을 공개하고 있다. 교회 내 중요한 의사 결정 내용 및 재정 정보를 누구나 언제든지 볼 수 있도록 한 것이다. 물론 그렇다고 모든 성도들이 매월 모든 자료를 항상 살펴보지는 않는다. 다만 자신이 원할 때 언제든지 볼 수 있다는 사실만으로도 신뢰도 향상에 도움이 되었다. 또한 성도들의 주인 의식이 커지는 유익도 누렸다.

물론 처음부터 이렇게 공개한 것은 아니다. 처음 개척할 때 재정 현황을 매월 보고할까 하다가 망설여졌다. 망설임의 첫 번째 이유는 성도들에게 부담을 주지 않기 위함이었다. 개척 교회의 경우, 재정적으로 열악할 수밖에 없었다. 당장 다음 달 임대료를 걱정해야 할 형편인 것이 대부분의 개척 교회의 현실이다. 또한 같은 금액이라도 보는 시각에 따라 다르게 느껴질 수 있다. 어떤 분들은 넉넉하다고 여길 수 있지만, 반대로 그렇지 않을 수도 있었다. 성도들이 재정 때문에 부담을 갖지 않길 바랐다.

망설임의 두 번째 이유는 사역에 부담이 되지 않기 위함이었다. 사실 사역을 위해서는 재정이 필요하고, 재정적 고려 없이 무리하게 사역을 전개하는 어리석음을 범해서는 안 된다. 다만 사역은 재정보다는 비전과 철학, 그리고 필요성에 의해 진행되어야 한다. 개척 교회의 경우 재정 상태가 열악할 수밖에 없기에, 사역을 먼저 추진하고 재정이 채워지는 경우가 많다. 실제로 하나님께서 기뻐하시는 사역을 정직히 섬길 때 채워 주심의 은혜를 많이 경험했다. 이것이 교회 공동체만이 갖는 독특한 재정적 특성이라고 생각한다.

이런 이유로 망설였지만 재정 공개를 하게 되었고 신뢰도를 높이는 유익을 누렸다. 다만 기억할 점은 재정 공개 등 투명성 향상은 그 자체가 목적이 아니라는 점이다. 신뢰를 형성하는 것이 목적이고, 이런 제도적 장치가 없어도 서로를 온전히 신뢰하게 된다면 그것이 바로 이상적인 공동체의 모습일 것이다.

교회를 개척하면서 관심을 받은 것 중의 하나는 종이로 된 헌금함이었다. 처음 기도 모임을 시작할 때 종이 상자 위에 구멍만 뚫어서 그것을 임시 헌금함으로 사용했다. 그런데 개척 예배를 드린 후에도 4개월이 넘도록 종이로 된 헌금함을 사용했다. 잠금 장치도 없고 가져가기도 쉽고 마음만 먹으면 작은 힘만으로도 부술 수 있었다. 기존의 헌금함에 비해 너무나 허술해 보였기에 우려의 소리도 많았다. 실제로 헌금 사고가 생기는 교회도 있음을 감안할 때, 이는 당연한 것이었다.

뿐만 아니라 우리 교회는 예배 시간에 별도의 헌금 시간이 없다. "개척 교회인데 헌금 시간이 있어야, 교회 재정에 조금이라도 도움이 되지 않을까요?"라며 염려해 주신 분들도 있었다. 하지만 헌금을 드리고 싶은데 드릴 것이 없는 분들에게 마음에 부담을 드리고 싶지 않았다. 또한 정직한 마음으로 기쁘게 드릴 수 있는 성숙함이 우리 안에 존재하기를 바랐다.

'고객 감동'을 강조하는 회사를 다니는 친구가 있었다. 그 친구에게 왜 고객 감동을 강조하는지를 물었더니, 고객 감동과 고객 만족의 차이에 대해 설명했다. 고객 만족은 기대한 것을 얻었을 때 생기는 감정이라면, 고객 감동은 기대하지 못했던 것까지 얻을 때 나타나는 감정이라는 것이다. 예를 들어 냉장고에 얼음이 잘 얼린다면 사람들은 만족합니다. 냉장고를 구매할 때 가졌던 기대가 이루어졌기 때문이다. 그런데 냉장고가 정수 기능까지 제공한다면 사람들은 감동하게 된다. 냉장고를 구매할 때 가졌던 기대 이상이기 때문인 것이다.

교회를 개척하면서 어떻게 하면 세상에 감동을 줄 수 있는 교회가 될 수 있을까 고민했다. 이런 고민 중에 조금은 '미련하고 허술한' 교회가 되면 좋겠다는 생각을 주셨다. 물론 효율적이고 체계적인 방법, 합리적인 시스템을 갖춘다면, 세상의 칭찬을 받을 수는 있을 것이다. 하지만 세상에 감동을 주지는 못할 것이다. 오히려 "저래서 될까?" 싶을 정도의 미련하고 허술한 방법이 세상에 감동을 줄 수 있지 않을까 한다. 누구나 쉽게 가져갈 수 있지만 아무도 가져가지 않고, 아무도 요구하지 않지만 누구나 가져다 놓을 때 세상과 교회가 다름을 보여 줄 수 있기 때문이다.

한때 지역마다 무료로 배부되는 신문이 있었다. 지금은 사라졌지만 이런 신문들은 지역사회에 다양한 정보 공유의 수단으로 사용되었다. 그런데 이 신문을 배달하는 사람들이 있고, 이들이 일을 성실히 하는지 지키는 사람들이 있다고 한다. 그렇다면 지키는 사람들은 또 누가 지킬까? 결국 마지막 한 사람은 스스로를 지킬 수 있어야 한다. 아무리 좋은 시스템을 갖춰도 스스로 지킬 힘이 없다면 무용지물인 것이다. 결국 중요한 것은 시스템이 아니라 사람이다. 사람이 준비되지 않으면 아무리 좋은 시스템도 제 기능을 발휘할 수 없다. 따라서 교회는 시스템도 중요하지만 사람을 세우는 데 집중해야 하고, 사람들이 세워질 때 시스템이 갖는 힘은 커지는 것이다. 이런 점에서 허술함은 우리가 스스로 지킬 수 있는 힘이 있는지를 보여 줄 수 있는 중요한 잣대가 된다. 그래서 의도적으로 허술함을 추구해 왔다.

조직도 마찬가지다. 처음 교회를 개척했을 때 조직이나 체계, 담당자들을 세우지 않았다. 빈 자리가 보이면 스스로 섬기는 자발성이 우리 안에 있기를 바랐기 때문이다. 물론 이로 인해 불편함도 겪었고 사역의 효율성이 떨어지기도 했다. 하지만 자발적 섬김의 기쁨도 많이 누릴 수 있었다. 우리 교회는 학교 강당을 빌려서 예배 드리기 때문에, 예배 후에는 매주 강당을 청소해야 했다. 어떻게 할까 고민이었다. 그런데 권사님들이 "젊은 사람들은 이런 걸 잘 못해."라며 자발적으로 섬겨 주셨다. 가장 낮아 보일 수 있는 사역을 교회 내 어른들이 귀한 섬김의 모범을 보여 준 것이다. 세상과 다른 점은 이런 모습에서 드러나는 것이라고 생각한다.

처음에는 학교에서 강당을 정기적으로 빌려주는 것을 부담스러워 했다. 언제든지 강당을 사용하지 못할 수도 있는 상황이었고, 매주 예배 장소가 바뀔 수 있음을 광고하기도 했다. 그러던 어느 주일 아침 강당 주위를 비롯해서 운동장 등 학교 전체가 너무 지저분했다. 전날 다른 기관에서 큰 행사가 있었는데, 제대로 뒷정리를 안 한 것이다. 우리가 사용하는 강당 주변만 정리해도 되었지만, 몇몇 성도 분들이 자발적으로 운동장을 비롯하여 다른 곳까지 청소를 하셨다. 나중에 학교 측에서 들은 이야기로는 이날 교인들이 청소하는 모습을 보면서 교회를 신뢰하게 되었다고 한다. 덕분에 장소를 정기적으로 빌려주는 것에 대해 긍정적인 생각을 갖게 되었다. 청소 담당을 별도로 정하지도 않았는데, 성도들의 성숙한 모습에 감사한 마음이 컸다.

사실 오늘날 많은 교회들이 보다 나은 시스템을 갖추고자 노력하고 있다. 하지만 교회 공동체에 가장 잘 어울리는 모습은 허술함이 아닐까 한다. 허술함이야말로 세상과 구별되는 교회 공동체만이 갖는 독특한 특징이라고 생각한다. 물론 이제는 종이로 된 헌금함을 더 이상 사용하지 않는다. 십자가와 하나님의 은혜를 형상화한 별도의 나무로 된 헌금함을 사용하고 있다. 하지만 미련하고 허술한 공동체에 대한 꿈은 계속되고 있다. 우리 교회는 제대로 된 조직도도 아직 갖추고 있지 않다. 하지만 모든 성도들이 스스로 필요한 영역에서 섬기고 있다. 미련함과 허술함, 스스로를 지킬 수 있는 힘만이 세상의 칭찬이 아닌 감동을 줄 수 있다고 믿기 때문이다.

| 다움부, 세상에서 가장 아름다운 예배 |

개척 초기부터 발달 장애 자녀를 둔 성도님들이 교회를 출석하고 있었다. 당시는 여러 형편 상 발달 장애 자녀들을 위한 별도의 예배를 드릴 수가 없었다. 예배 공간도 부족했고 부서 특성상 일대일로 섬겨야 하는 일이라 많은 봉사자가 필요했기에 쉽게 시작할 수 없었다. 실제로 대형 교회 외에는 발달 장애인들을 위한 예배를 드리는 교회가 많지 않았다. 이런 현실적인 이유를 핑계 삼아 먼 미래의 일로 미룰 수도 있었다. 하지만 계속해서 마음의 부담이 있었다.

이 땅에 오신 예수님의 관심은 늘 연약한 자들에게 있었다. 그리고 이들의 필요를 외면하지 않고 돌보셨다. 교회도 예수님의 모범을 따라 누구보다도 연약한 자들을 돌보고 섬길 수 있어야 한다. 발달 장애 아이들은 어쩌면 교회 내 가장 연약한 지체들이라고 할 수 있었다. 따라서 어떻게 섬길 수 있을지 고민하게 되었고, 그 결과 개척한 지 1년만에 발달 장애 아이들을 위한 예배를 신설하게 되었다.

첫 예배를 준비하며 부서명을 어떻게 지을까 고민이 되었다. 흔히 '사랑부'라는 명칭을 사용하기에 이 명칭을 사용할까 생각했지만 만족스럽지 않았다. 성도들과 이야기를 나누면서 '다움부'라는 명칭을 사용하면 좋겠다고 의견이 모아졌다. 사실 '다움'은 교회의 이름이기에 특정 부서의 명칭으로 사용하는 것은 적절하지는 않았다. 하지만 연약한 자를 중심에 두고 섬기려는 마음과 가치를 담을 수 있을 것 같았다. 그래서 '다움부'라는 명칭을 사용하기로 했다.

우리 교회 다움부는 "세상에서 가장 아름다운 예배를 드리는 곳"이라는 모토를 가지고 있다. 어떻게 보면 굉장히 거창한 모토일 수 있지만, 이런 모토를 정한 배경이 있었다. 첫 다움부 예배를 드린 후, 함께 섬겼던 봉사자 분이 예배를 통해 많은 은혜를 받았다고 하셨다.

다움부 아이들이 예배 드리는 모습이 너무나 사랑스럽고 아름다워 보였습니다. 그러면서 제 자신의 예배에 대해 돌아보게 되었습니다. 나는 얼마나 다움부 아이들처럼 순수하게 하나님을 예배하고 있는지, 하나님 외에 다른 것에 내 시선이 빼앗겨 있지는 않은지 돌아보게 되었습니다. 그래서인지 몰라도 앞으로 다움부 사역을 어떻게 감당할 수 있을지에 대한 염려가 아니라 다움부가 우리 교회에 존재한다는 사실에 뿌듯하고 자랑스러웠습니다.

최근에 〈이상한 변호사 우영우〉라는 드라마가 유행한 적이 있다. 이 드라마를 쓴 작가는 〈증인〉이란 영화의 작가이기도 했다. 〈증인〉이라는 영화는 자폐 스펙트럼을 가진 아이가 법정에서 증인으로서 진술하는 과정을 담은 작품이다. 자폐에 대한 사회적 편견으로 인해 아이의 증언을 처음에는 신뢰하지 않지만, 결국 나중에는 아이의 증언으로 인해 사건이 해결되게 된다. 증인의 가장 중요한 요소는 무엇인가? 정직이다. 그런데 영화 속에서는 법정에 있던 다른 모든 사람과 달리 오직 이 아이만이 정직히 증언한 것이다. 참된 증인의 자격이 무엇인지 물은 것이다. 예배자에 있어 가장 중요한 마음과 자세는 무엇일까? 그것은 아무것이 없어도 오직 하나님만으로 인해 즐거이 찬양하는 것이다. 다움부 예배를 통해 오직 하나님만을 즐거워하며 예배한다는 것이 무엇인지 배우게 되셨다는 고백이며, 그렇기 때문에 다움부 예배가 세상에서 가장 아름다운 예배인 것이다.

〈증인〉이라는 영화가 상영된 후, 작가에게 기획사에서 찾아와 "주인공이 변호사가 되는 것이 꿈이라고 했는데, 실제로 변호사가 될 수 있을까요?"라고 물었다고 한다. 그래서 자폐 스펙트럼을 가진 변호사에 대한 이야기를 쓰고자 했고, 그 결과 〈이상한 변호사 우영우〉라는 드라마가 탄생한 것이다. 그럼 왜 제목을 '이상한 변호사'라고 했을까? 이상하다는 것은 틀린 것이 아니라 다름이며, 다름은 우리 사회를 더욱 풍요롭게 한다는 사실을 보여 주기 위해서라고 한다. 작가의 말에 공감이 되었다. 하나님은 우리 모두를 다르게 지으셨다. 다름은 하나님의 선물이며, 다름을 통해 우리는 더욱 풍요로워진다. 서로를 통해 배우고 함께 성장할 수 있는 기회가 되는 것이다. 이런 점에서 다움부의 존재는 우리 교회를 더욱 건강하게 만드는 요소가 된다고 믿는다.

다음은 처음 다움부 예배를 드린 날 참석한 어느 학부모님들의 소감 중 일부다.

오늘 다움부의 첫 예배가 있었습니다. 몇 해 동안 예배를 거부해 온 딸아이가 교회에 나올 것이라고 전혀 예상하지 못했는데, 오늘 아침 하나님께서 딸아이의 발걸음을 다움2호로 옮겨 주고 계셨습니다. 한 분 한 분 다움부 예배를 위해 도착하시고, 예상하지 않았는데 11시 예배를 앞둔 목사님이 첫 예배 기도를 위해 오셨습니다. 학교 강당에서 다움2호까지 오고 가는 동안 종종걸음으로 뛰었을 모습이 그려졌습니다. 목사님과 둘러서서 예배 시작 전 기도를 했습니다. 목사님의 울먹이는 기도로 선생님들이나 저희도 한동안 눈물을 훔쳤습니다

존재만으로도 든든한 버팀목이신 집사님들, 선생님들과 함께 은혜와 사랑과 감동 가득한 예배를 마쳤습니다. 예배를 위해 얼마나 많은 준비를 하셨는지 생각하니 감사에 먹먹해지기까지 했습니다. 서로를 소개하는 시간에 몇 분의 선생님과 참석자들은 감격과 은혜의 울먹임으로 한동안 말을 잇지 못했습니다. 예배를 마치고 선생님들께서 준비하신 간식과 김밥 케익을 맛있게 나누었는데, 음식 맛보다 사랑을 듬뿍 섭취한 첫 예배의 귀한 간식 시간이었습니다. 예배를 위해 애쓰신 선생님들께 감사드리고 은혜 가운데 인도해 주신 하나님께 모든 영광을 올려 드립니다.

작년 봄부터 다움교회 다락방과 성경연구반에는 출석하면서도 주일 예배에는 참석할 수가 없었습니다. 진작 나오고 싶었지만 그동안 장애아를 위한 예배가 없었기에 주일은 다른 교회 예배에 나가고 있었습니다. 그런데 올해 사랑과 헌신으로 준비된 교사들이 섬겨 주시는 다움부가 생겨서 저희 아들은 다움부의 은혜와 사랑이 넘치는 예배를 드리고 있습니다. 아이를 다움부에 보내고 저 역시 말씀에 근간을 둔 신실하고 거룩한 예배에 참여하여 찬양과 경배를 드리게 되어 한 주 한 주 은혜의 골짜기에서 흘러나오는 생수와 하늘의 만나를 맛보고 있습니다.

지금까지 저는 연약한 아들을 통해 너무나 많은 눈물을 흘리며 살았고 또 앞으로도 참 많은 눈물을 흘리며 살아가야 할지 모르겠습니다. 하지만 "나의 유리함을 주께서 계수하셨사오니 나의 눈물을 주의 병에 담으소서 이것이 주의 책에 기록되지 아니 하였나이까"(시 56:8)라는 시편 기자의 고백처럼, 완전하신 나의 주님이 내 눈물을 닦아 주시며 내 유리함을 기억하시며 내 흘린 눈물에 기쁨의 화관을 반드시 씌워 주시리라 믿습니다. 그날까지 저에게 맡기신 아들을 기도와 말씀으로 뒷바라지하며 험한 십자가를 붙들고 살려 합니다.

저와 우리 가족이 은혜로운 자리에 나올 수 있게 허락하신 하나님께 큰 영광을 돌리며, 교회를 위해 이름도 빛도 없이 수고의 손길을 멈추

지 않는 다움의 조각, 성도 한 분 한 분께 주님의 크고 아름다운 축복이
늘 함께하길 기도합니다.

| 이웃사랑 기금 |

다움부 예배를 드리기 시작할 무렵이었다. 다움부 예배가 시작된 것
에 감사하다며 다움부 자녀를 둔 어느 부모님이 교회에 헌금하길 원
하셨다. 그 돈은 장애를 가진 자녀가 3년 동안 번 돈이었다. 우리 사
회는 발달 장애가 있을 경우 직업을 갖는 것이 쉽지 않다. 특히 그 자
녀의 경우 장애가 심한 편이었기에 더욱 힘들었다. 하지만 각고의 노
력으로 자녀가 직업을 갖게 되었다. 한달 월급이 10만 원이었는데,
부모 입장에서 도저히 쓸 수가 없어 모아 두었다고 한다. 그런데 다
움부 예배가 생겨 감사헌금을 하기로 한 것이다.

처음에는 교회가 받을 수 없다고 만류하였다. 그 돈의 가치가 얼마나
큰지 알았기에 받을 엄두가 나지 않았다. 거듭된 만류에도 불구하고
훗날 자녀를 위해 쓸 수도 있지만 오히려 의미 있는 곳에 쓰였으면
좋겠다는 바람으로 헌금하길 원했다. 막상 헌금을 받았지만 어떻게
사용해야 할지 고민이 되었다. 모든 헌금이 가치가 있고 따라서 소중

히 사용해야 하지만, 이번 헌금만큼은 조금은 특별한 곳에 사용되면 좋겠다는 마음이 있었다. 이런 고민을 하던 중 당시 "케이틀린의 마지막 소원"이라는 이야기를 접하게 되었다.

케이틀린이라는 16세의 소녀가 있었습니다. 그녀는 다른 아이들처럼 꿈 많고 활기가 넘치는, 그리고 예수님도 잘 믿는 아이였습니다. 하지만 열여섯 살 생일을 얼마 앞두고 인생이 완전히 변해버렸습니다. 병원에서 뇌암 진단을 받은 것입니다. 그날부터 케이틀린은 힘든 수술과 항암 치료를 견뎌 내야 했습니다. 처음에는 "하필이면 왜 내게?"라는 생각이 들었다고 합니다. 불치병과 싸우고 있는 그녀를 위해서 "어린이의 소원"이라는 단체는 케이틀린의 소원 한 가지를 들어주기로 했습니다. 잠시라도 고통에서 벗어날 수 있는 기회가 생긴 것입니다. 처음에는 가족과 함께 뉴질랜드로 여행갈 계획을 세우게 됩니다.

하지만 케이틀린은 자신의 아픔을 뛰어넘는 큰 소원을 품었습니다. 케이틀린과 가족들은 컴패션(Compassion)을 통해 어린이를 후원해 왔는데, 고통받는 전 세계의 어린이들, 그리고 그 어린이들의 소원이 무엇일지 생각한 것입니다. 결국 케이틀린은 자신을 위한 소원을 포기했고, 깨끗한 물이 없어 병들고 죽어 가는 어린이들을 돕기로 했습니다. 케이틀린의 소원이 자신의 암을 막아 낼 수는 없지만, 어린이들이 죽어 가는 것은 막을 수 있다고 생각한 것입니다. 그래서 자신에게 지원될 금액으로 우간다에 깨끗한 물을 제공해 줄 것을 부탁했습니다.

그러자 아주 특별한 일이 일어났습니다. 사람들은 케이틀린의 이야기를 듣고 이십만 달러(약 2억 원)을 모으기 시작했습니다. 케이틀린은 21개의 우물을 팔 수 있는 충분한 후원금을 모았고 4만 명이 넘는 우간다의 어린이를 도울 수 있었습니다. 그녀는 이렇게 말합니다. "저는 아프고 싶지 않아요. 이 모든 일을 겪고 싶지 않아요. 하지만 아프지 않았다면 이런 소원을 빌지 않았을 거예요. 이렇게 많은 어린이들이 후원받지 못했을 거예요. 매일 생각해요. 우리는 이 땅에서 매일 사진을 찍고 있다고 말이죠. 그렇다면 삶의 마지막 사진은 어떤 모습이어야 할까요?" 그리고 이것이 케이틀린의 마지막 소원이 되었습니다.

케이틀린의 이야기를 읽으면서 그날 받은 헌금이 생각났고, 세상을 섬기는 데 사용하면 좋겠다는 마음을 주셨다. 그래서 그 돈을 바탕으로 "이웃사랑 기금"을 조성하기로 했다. 그날 받은 헌금만큼 교회에서 매달 이웃사랑 기금에 적립을 하고, 그 돈은 세상을 돕는 데 온전히 사용하기로 했다. 이렇게 적립한 기금은 어디에 사용할 지에 대해서는 성도들의 아이디어를 공모했다. 많은 분들이 관심을 가져 주셨고 다양한 의견을 제시해 주셨다. 이 중 한두 가지를 선정해서 섬길 수도 있었지만 가능한 모든 의견을 최대한 반영하기로 결정했고 지금까지 실천해 오고 있다.

주변에 장애우 가정이 있는데 도우면 좋겠다고 건의해서 정기 후원을 시작했고, 군대에 있는 자녀가 다니던 군인 교회를 섬기면 좋겠다고 건의해서 정기 후원을 시작했다. 또한 다움부 자녀 중 한 명이 활동하는 장애인 단체에도 정기 후원을 시작했다. 이런 물질적이 후원 외에도, 교도소를 나온 청소년들이 모여 사는 자립생활관 후원과 지역 내 학생들의 학습 지도, 다움부 아이들을 위한 토요교실 등 물질적인 지원만이 아니라 실질적인 사역이 필요한 부분도 섬겼다. 중고등학교 학생과 자립생활관 학생의 등록금 지원 등 장학 사업도 섬겼다. 각자 자신의 삶의 현장에서 평소에 실천하고 싶었던 일을 건의하고 공동체가 함께 섬기기 시작한 것이다. 이후에도 언제든지 누구나 건의를 할 수 있고, 건의한 내용을 바탕으로 이웃사랑 기금 사역을 전개하고 있다.

이렇게 사역을 공모한 것은 성도들을 사역과 섬김의 주체로 세우기 위함이었다. 세상을 섬기는 것은 특정 능력이나 자원, 혹은 소명만을 가진 사람들의 전유물이 아니다. 누구나 마음이 있다면 행할 수 있다고 믿는다. 우리 교회는 개척 초기부터 선교적 교회를 지향해 왔다. 그런데 이는 단순히 교회만이 아니라 각 성도의 삶의 모습으로 나타나야 한다. 물론 혼자서는 섬기는 것이 쉽지가 않다, 하지만 공동체 가운데 함께할 때 세상 속에서 빛과 소금의 역할을 보다 잘 감당할 수 있을 것이다. 이것이 교회가 세상 속에서 선교적 삶을 살도록 성도들을 돕는 일환이라고 믿는다.

다음은 이웃사랑 사역을 섬기셨던 성도들이 쓴 소감문 중 일부다.

📌

6월 11일 안양에 있는 경기여자자립생활관에 다녀왔습니다. 5월에는 대모산 등반을 해서 생활관에 두 번째 방문이었습니다. 아이들과의 세 번째 만남은 좀 더 자연스러웠습니다. 하지만 우리는 아직 모든 아이의 얼굴과 이름을 정확히 언급하지 못했고, 관장님은 우리의 마음을 아시는지 다시 소개해 주셨습니다. "OO는 우리 막내고요. OO는 간호조무사 실습을 최초로 마치고 필기만 보면 되고요. OO는 댄스를 잘하는 데 이따가 보여 드릴께요."

한식 조리사가 되고 싶다는 친구가 끓인 된장찌개와 손으로 하는 것은 뭐든지 잘하는 친구가 솜씨를 발휘한 부추무침을 곁들여 우리가 준비해 간 삼겹살을 함께 구워 먹었습니다. 아이들이 너무 잘 먹어서 혹시 고기가 모자라지 않을까 걱정할 정도였습니다.

식사 후 과일을 먹으며 아이들의 노래와 춤, 악기 연주를 감상했고 우리도 우리의 영원한 피아니스트 집사님의 연주로 화답했습니다. 그리고 한 쪽에선 솜씨 좋은 네일 아트 디자이너 친구들에게 우리의 손가락을 맡겼고 삼삼오오 이야기 시간을 가졌습니다. 의외로 자기 이야기를 잘 풀어놓는 아이가 있는 반면 입을 다물고 뻘쭘하게 있는 아이도 있었습니다. 사실 우리는 관장님을 통해 아이들의 엄마는 대부분 없다는 것, 아빠는 그저 끈으로서만 있을 뿐 오히려 도움이 못 된다는 것(전

학에 필요한 도장도 안 찍어 주는 아빠) 등 아이들의 상황은 대충 알고 있었습니다.

자식 또래의 아이들에게 궁금한 것과 해주고 싶은 이야기야 이루 말할 수 없었습니다. 그렇지만 부모님은 어떠셨는지, 왜 어떻게 어떤 잘못을 했는지 물어볼 수는 없었습니다. 또한 그렇게 하면 안 된다, 이렇게 살아라, 희망을 가져라 등등의 훈계 내지는 뜬구름 잡는 이야기를 할 수도 없었습니다. 그저 지금 다니는 학교나 학원, 알바 이야기를 하다 보니 아이들이 먼저 가족 이야기도 하고, 하고 싶은 것이 있다는 이야기도 해주었습니다. 아이들과 함께 그 이야기를 따라가다 보면 아이들의 엉켰던 실타래를 푸는 데 조금은 도움이 될 것이라는 희망을 가져 봅니다. (경기여자자립생활관은 소년원을 나온 후 결손가정 등 가정환경 때문에 오갈 데 없는 20세 미만 청소년들이 모여 사는 쉼터입니다.)

아이들을 만난 지도 어느덧 1년이 넘어간다. 처음 만났을 때는 완전 솜털 뽀송뽀송한 꼬마 녀석들이더니 그새 훌쩍 자라 씩씩한 소년티를 내려 하고 있다. 하지만 시크한 표정 속에서도 감출 수 없는 장난기 어린 초롱초롱한 눈망울은 여전히 "나는 귀여운 초등학생이랍니다."라고 외치는 것 같아 볼이라도 한번 꼬집어 주고 싶다. 목사님이 꿈이라는 K

는 작은 일에도 감사하며 말하는 품새가 얼마나 예쁜지 누구에게도 사랑받을 친구다. 공부에 대한 의욕도 남달라서 스스로 계획하고 공부하며 지난 학기에는 반 1등을 했다고 한다. 축구 선수가 꿈이라는 G는 관심을 한번 가지면 그 분야만큼은 집중력을 가지고 열정을 불태우는 친구다. 동물 특히 파충류를 좋아해서 나름 열심히 연구하는 중이다. 학교 공부는 아직 자신 없어 하더니만 얼마 전에는 수학 100점을 받았다고 기분이 한껏 고무되어 있다. 요즘에 와서 발걸음이 뜸한 C는 리더십이 강해 친구들 사이에서 인기가 많고 운동을 잘하는 친구다. 특히 축구를 따로 배운 적도 없는데 인터넷을 보며 스스로 익힌 기술로 항상 반이 승리하는 데 견인차 역할을 하며 친구들의 부러움을 한 몸에 받고 있다.

사실 이 모임의 시작은 우리 교회 인근에 사시는 집사님이 아들 친구들이 공부는 하고 싶어 하는데 공부 방법을 제대로 모르는 것 같아 너무 안타깝다는 마음으로 당신의 공부방을 오픈하면서 시작되었다. 아이들을 향한 집사님의 따스한 마음에 나도 작은 마음을 얹어 시작하기는 했지만 쉽지만은 않았던 것 같다. 아이들 모두 공부는 잘하고 싶어 했지만 모두가 공부를 하고 싶어 하지는 않았다.

정말 와야 할 필요가 있는 아이는 오기 싫어했고 오더라도 자주 분위기를 망쳤으며, 친구들을 위해 기꺼이 시간을 내주는 기특하기 짝이 없는 아이도 있었다. 학습에 중점을 두니 당장 싫어하는 아이들이 있었고, 동기유발로 만족하기에는 이미 공부에 대한 의지가 있는 아이에게 는 시간 낭비가 아닌가 싶어 미안했다. 더군다나 일 중심적인 사고에 익숙한 나로서는 학습에 중점을 둘 때는 눈에 보이는 성과가 있어 내 스스로 위안이 되었지만 아이들과의 관계에 중점을 둘 때는 구체적으로 나타나는 것이 없어서 과연 잘하고 있는지 내 자신에 대한 의구심을 떨칠 수가 없었다. 두 가지 상황을 동시에 만족시킬 수도 있을 텐데 그 렇지 못하는 나의 능력의 부족을 실감하며, 늘 고민했지만 그래도 언제 나 결론은 한 가지였다. '잊지 말자. 가랑비' 가랑비에 옷 젖는다는 옛말 처럼 그저 조금씩, 꾸준히 계속하다 보면 나도 모르는 무엇인가가 이루 어질 거라는 믿음 때문이었다.

이 일을 일반적인 지역사회 봉사로 시작했다면 결코 오래 하지 못했 을 것이다. 내 인생에서 하나님은 내게 어떤 일을 이루어 주시기 위해 서 내가 모르는 그전부터 세심하게 계획하시고 준비해 오셨음을 나는 여러 번 경험했었다. 때문에 영어도서관이나 이 일도 하나님께서 생각 하시는 어떤 누군가 한 명을 위해 예비되고 진행되고 있는 일일지도 모 른다는 기대감을 주었고, 내 마음을 설레게 만들었으며, 지치는 상황 속에서도 손을 놓지 못하게 만들었다. 처음 5~6명으로 시작해서 지금 은 2~3명이 오고 있지만, 때때로 아이들이 아무 연락도 없이 나타나지 않기도 하지만 그 누군가 한 명에 대한 기대감은 모든 상황 속에서도 내게 자유함을 주고 있다. 이 아이들이 언제까지 오게 될지는 모르겠다. 하지만 아이들의 미래가 어떻게 펼쳐질지, 그 후에도 나의 궁금증과 기대감은 계속될 것이다. 더욱이 감사한 것은 지난 초겨울부터 대학생 봉사자의 수고로 아이들이 수학 공부를 따로 하면서 학교 성적이 많이 향상되었는데, 이러한 소망과 기대감을 더 많은 봉사자들과 함께 누리길 소망한다.

| 소그룹, 공동체의 모세혈관 |

오늘날 우리는 코로나로 인해 많은 변화를 경험하고 있다. 코로나 이후 한국 목회자 협의회에서 실시한 조사에 의하면, 주일 성수에 대해 54.5%가 온라인 예배 또는 가정 예배로도 대체할 수 있다고 답했다고 한다. 예배가 차지하는 비중을 감안할 때, 신앙생활 전반에 근본적인 변화가 일어나고 있음을 알 수 있다. 다만 이러한 변화는 단순히 코로나로 인해 발생한 것은 아니다. 그동안 꾸준히 진행되어 온 변화가 코로나 상황에 맞물려 급속도로 앞당겨졌을 뿐이다. 따라서 이런 변화에 어떻게 적응할 것인지가 교회에 주어진 매우 중요한 과제다.

코로나 기간 중 얻은 교훈 중 하나는 소그룹의 중요성이었다. 코로나

기간 중 대부분의 교회가 대면 예배를 드리지 못했고, 교회에 모여 성도 간의 교제를 나누지도 못했다. 이로 인해 교회 공동체성에 위기가 찾아왔고, 개인의 신앙 역시 큰 도전에 직면하게 됐다. 영적 침체는 물론 심각한 영적 우울증마저 경험하는 경우도 적지 않았다. 특히 예배만 드리고 소그룹에 참석하지 않는 경우에는 더욱 심했다. 그나마 소그룹에 참여한 사람들은 함께 기도하며 영적으로 돌보며 서로를 세워 갈 수 있었다. 그만큼 소그룹의 가치와 중요성에 대해 다시 한번 확인하는 시간이었다.

그렇다면 소그룹이 왜 중요할까? 소그룹에서는 개인이 사라지지 않는 구조를 제공하기 때문이다. 예배와 같은 대그룹 사역으로는 인격적이고 친밀한 성도의 관계를 형성하는 데 한계가 있기 때문이다. 예를 들어 100명이 모여 예배를 드린다고 가정해 보라. 서로의 얼굴과 이름을 익히는 데도 적잖은 시간이 걸릴 것이다. 서로의 삶을 나누고 서로를 위해 기도하기는 더욱 어려울 것이다. 이와는 달리 소그룹에서는 지속적이고 친밀한 관계 형성이 가능하다. 뿐만 아니라 대그룹에서는 한 사람에게 관심을 갖고 돌보기 힘들다. 예배를 드리다가 성경에 대한 궁금증이 생겼다고 가정해 보라. 손들고 그에 대해 질문할 수 있을까? 불가능할 뿐만 아니라 옳은 방법도 아니다. 하지만 소그룹에서는 다르다. 서로의 생각을 자유롭게 이야기하고 이를 통해 영적 성장을 도모할 수 있다. 개인이 사라지지 않고 각 사람이 교회의 주체가 되기 위해서는 소그룹은 필수적이다.

이는 예수님과 초대 교회가 보여 준 모범이기도 하다. 옥한흠 목사는 그의 책《평신도를 깨운다》에서 이렇게 말한다.

> 예수님은 소그룹을 애용하셨다. 왜 그가 소그룹 형식을 선택하셨는지 직접 설명하지는 않는다. 그리고 교회가 반드시 소그룹으로 조직되어야 한다고 무슨 명령을 하신 일도 없다. 하지만 그는 제자들과 보낸 3년 동안의 경험과 결과를 가지고 소그룹의 성격과 기능을 웅변적으로 증명하고 계신다. 초대 교회 역시 예수님의 전례를 따라 수많은 작은 모임들로 구성된 독특한 성격의 공동체를 이루어 가고 있었다.

예수님은 세상을 구원하기 위해 오셨다. 그렇다면 보다 많은 사람들을 만나 그들에게 복음을 전하고 하나님의 말씀을 가르쳐야 했다. 하지만 예수님은 그렇게 하지 않으셨다. 오히려 소수의 제자들을 양육하는 데 집중하셨다. 무리들에게 비유를 가르치신 후에 제자들을 따로 불러 그 의미를 해석해 주기도 했고, 제자들에게 "너희는 나를 누구라 하느냐?"라고 질문하기도 했다. 왜일까? 개인이 사라지길 원하지 않으셨기 때문이다.

그런데 소그룹이 제 역할과 기능을 감당하기 위해 꼭 필요한 일이 있다. 그것은 바로 소그룹의 지도자를 세우는 것이다. 건강한 소그룹은 단지 소그룹으로 모인다고 이루어지는 것이 아니다. 소그룹의 지도자가 누구냐에 따라 소그룹의 모습이 달라지게 된다. 똑같은 교재, 똑같은 형식으로 모임에도 불구하고 지도자의 성향에 따라 단순한 친목 모임으로 끝나기도 하고 깊은 영적 교제를 나누기도 한다. 어떤 경우에는 세상의 모임보다 못한 경우도 있다. 따라서 소그룹의 핵심은 지도자 양성이라고 할 수 있으며, 이는 이 땅에 오신 예수님께서 몸소 보여 주신 중요한 교훈이기도 하다. 로버트 콜먼(Robert Coleman)은 이렇게 말한다.

> 그 모든 것은 예수님이 자신을 따르라고 몇몇 사람을 부르심으로 시작되었다. 주님의 관심은 군중을 이끌 프로그램에 있지 않았고, 그 군중을 이끌 사람에게 있었다. 놀랍게 보일지 모르지만, 예수님은 전도운동을 조직하거나 심지어 공적으로 설교를 하기도 전에 이러한 사람들을 모으기 시작했다. 사람들을 통해 예수님은 세상을 하나님께로 인도하기를 원하셨다.

왜? 왜 예수님은 의도적으로 그의 생애를 비교적 그렇게 적은 사람들에게 집중하셨는가? 그는 세상을 구원하러 오지 않으셨던가? 원하기만 한다면 주님은 쉽게 수많은 추종자를 얻을 수 있었다. 하지만 그의 유일한 소망은 자신을 대신하여 자신의 일을 완수할 사람들을 세우는 것이었다. 그들이 자신의 생활로 젖어 들게 하는 것이었다. 그렇기 때문에 그분은 이 사람들에게 자신을 쏟으셨다.

그 결과는 어떻게 되었을까? 유진 피터슨(Eugene Perterson)은 이렇게 결론 내린다.

> 예수께서는 그의 시간 90퍼센트를 12명의 유대인들에게 투자하여 모든 사람에게 다가갈 수 있었다.

처음 코로나가 발생했을 때 우리 교회도 많이 혼란스러웠다. 예배 드리는 것부터 시작해서 무엇을 어떻게 해야 할지 막막했다. 우리 교회의 경우 코로나 이전에는 온라인으로 예배를 드리거나 중계하지 않았다. 당시만 해도 온라인 예배나 중계는 대형 교회에서나 가능한 일로 여겨졌다. 물론 지금은 우리 교회를 비롯하여 대부분의 교회에서 온라인 예배나 중계가 보편화되었다. 이는 코로나가 교회에 가져온 변화가 얼마나 큰지 단적으로 보여 주는 예라고 할 수 있다.

소그룹도 마찬가지였다. 사적 모임 제한으로 인해 소그룹으로 현장에서 모이기가 쉽지 않았다. 그래서인지 몰라도 짧게는 6개월, 길게는 1년 이상 소그룹마저 쉬는 교회들이 많았다. 하지만 감사하게도 우리 교회의 경우 온라인으로 소그룹을 진행할 수 있었다. 사실 처음에는 쉽지 않았다. 다들 익숙하지 않았기 때문에 접속하는 데만 1시간 넘게 걸리기도 하고, 계속 시도하다가 포기하기도 했다. 또한 온라인으로 하다 보니 대면으로 모일 때 누렸던 은혜를 온전히 맛보기 힘들었다. 그래서인지 몰라도 잠시 쉬자는 의견도 있었다. 하지만 몇몇 소그룹 지도자들이 앞서 헌신해 주셨다. 구성원들에게 일일이 가르쳐 주고 모일 수 있도록 독려하였다. 뿐만 아니라 해외에 있는 성도에게도 연락을 취해 시간을 맞춰 소그룹 모임을 갖기도 했다. 이렇게 한두 다락방부터 시작해서 모이기 시작하니, 다들 도전을 받고 모일 수 있게 되었다.

온라인 모임이 주는 한계는 분명했지만 유익도 컸다. 직장이나 가사 등 여러 문제로 인해 대면으로 모이기 힘든 사람들도 온라인으로는 참석이 가능했다. 특히 지역적으로 떨어져 있는 소그룹이나, 젊은 세대의 경우에는 온라인으로 모이는 것을 선호했다. 물론 온라인과 대면을 함께 병행하며 장단점을 잘 살려 운영하는 것이 필요할 것이다. 다만 코로나 기간 중에도 소그룹 지도자들의 헌신이 있었기에 성도들의 영적인 돌봄이 가능했다.

우리 교회는 제자훈련을 비전으로 개척한 교회다. 제자훈련의 꽃은 훈련을 받은 사람들이 섬기는 소그룹이다. 사실 목회를 하면서 제일 힘든 부분은 내 자신의 연약함에 직면할 때다. 누구보다도 자신의 부족함을 잘 아는 사람은 본인이다. 다른 사람이 보지 못하는 부분까지 보고 느끼기 때문이다. 그래서인지 몰라도 목회를 하면 할수록 내 자신이 얼마나 부족한 존재인지를 발견하게 된다. 이런 순간 힘이 되는 것은 함께 훈련받고 교회를 섬기고 있는 사람들이다. 나와 같은 마음으로, 때로는 나보다 훨씬 더 충성스럽게 성도들을 돌보기 때문에 힘을 얻게 된다.

우리 교회는 소그룹을 '다락방'이라고 부르고, 소그룹 지도자를 '순장', 소그룹 구성원을 '순원'으로 부른다. 그런데 개인적으로 우리 교회에서 제일 부러운 사람은 순원이다. 순장들이 순원들을 얼마나 아끼는지 알기 때문이다. 어느 순장님은 과일을 사면 검은 봉투에 담아 냉장고에 보관하는 것이 습관이라고 한다. 이전에 다락방 모임을 위해 과일을 사두었는데 남편과 아이들이 먹는 바람에 순원들을 챙기지 못했다고, 그 다음부터는 일부러 보이지 않게 봉투에 담아 두는 것이다. 한번은 성경연구반 때 예상보다 많은 인원이 참석한 적이 있었다. 결국 준비한 김밥이 모자랐고, 순원들을 챙기느라 순장들과 교역자들이 못 먹은 적도 있었다. 이렇게 순원을 아끼는 순장이라면 그 마음만으로도 좋은 소그룹 지도자라고 자부해도 되지 않을까 싶다.

우리 교회는 매주 순장 모임을 갖는다. 이 시간을 통해 해당 주에 나눌 소그룹 교재에 대해 배우기도 하지만, 교회 내 주요 사역에 대해 함께 의논하고 다루게 된다. 이렇게 하는 이유는 순장들이 성도들의 목소리를 가장 가까이서 듣고 반영할 수 있기 때문이다. 교회 규모상 모든 일에 모든 성도가 모여 자신의 의견을 나눌 수는 없다. 하지만 소그룹에서 자신의 의견을 나누면 그 내용을 가지고 순장 모임에서 의논하고 자연스럽게 교회 사역 전반에 반영될 수 있다. 따라서 순장 모임은 모세혈관과 같이 교회 내 소통과 사역이 흐르는 중심 역할을 하게 되는 것이다. 이를 통해 개인이 사라지지 않은 공동체를 만들 수 있는 것이다.

다음은 소그룹에 참석한 구성원들이 쓴 글과 소그룹을 처음 시작했을 때 받은 은혜를 정리한 글 중 일부다.

처음 다락방 첫 모임을 가진 날 모두가 너무나 다른 모습, 다른 환경에 있던 사람들이라 많이 놀라고 당황스러웠습니다. 잘 지낼 수 있을까? 지금 내가 너무 힘든데 같이 마음을 나눌 수 있을까? 우리에게 공통점은 예수님밖에 없는데. 나와 너가 아닌 우리가 될 수 있을지 많은 생각을 하게 되었습니다. 모두가 인간으로서 너무나 약한 모습으로 만났습니다. 그래서 내가 힘든데 내가 다른 이를 위로하고 그들을 위해 기도할 수 있을까 많이 고민됐었습니다.

그러나 우리의 단 하나의 공통점인 예수님은 많은 것을 가능하게 하시고 하나 되게 하셨습니다. 내가 약한 모습이라 다른 지체의 고통을 마음으로 함께할 수 있게 해 주셨고, 다른 지체도 너무나 연약한 어린 양인 줄 알기에 그들의 기도가 너무나 소중했습니다. 7명의 순원들 중 5명의 자녀가 중2라는 공통점을 주셔서 자녀 양육의 고통을 공감하게 하시고, 서로 위로하게 하셨고, 인생의 큰 역경에 마주한 한 생명을 위해 함께 기도해 주고 손잡아 줄 귀한 동역자들을 주셨습니다. 그리고 언제부터인가 다락방 순원들은 주일날 향긋한 커피를 내리고 점심을 준비하며 섬김으로 얻는 커다란 기쁨을 배워 가고 있습니다.

요즘 우리 다락방 순원들은 이 말씀을 참 좋아합니다. "고난당한 것이 내게 유익이라" 우리는 오늘도 주께서 내게 주신 고난에 감사합니다.

그러나 잊지 않으시고 나의 고난에 함께 기도하고 위로해 줄 귀한 동역자들을 주심에 또 감사합니다. 다만 다락방이라는 공동체 안에서 우리끼리의 축제가 되지 않기를 소망하여 오늘도 요한복음을 마주하며, 향긋한 커피 한잔에 사랑을 듬뿍 담아 주시는 순장님의 섬김에 감사하며, 조금씩 내려놓는 연습을 하고 있습니다. 우리가 하나 되어 주님의 향기를 내뿜는 귀한 공동체가 될 수 있게 되길 소망합니다.

지난 주부터 여자 낮 다락방이 시작되었습니다. 우리 교회에 나오시는 집사님 한 분이 계신데, 매우 신실하신 분이라 제가 순장으로 섬겨 달라고 부탁을 드렸습니다. 이전 교회에서는 훈련을 받은 이후 개인 사정으로 순장 사역은 미뤄 오고 있었는데, 저의 부탁을 받고 흔쾌히 맡아 주셨습니다. 특히 자녀들이 장애가 있는 부모님들로 구성된 사랑부 다락방을 섬겨 주시기로 하셨습니다.

첫 다락방이 열리는 금요일 아침, 교회에 출근하다가 우연히 교회 근처에 사시는 자매님 한 분을 만나게 되었습니다. 이전부터 전도하고 싶었던 분이었는데, 어떻게 전도할까 고민만 하고 있었습니다. 그 자매님을 만나 이런저런 이야기를 하다가, 교회와 다락방에 대해 소개하였습니다. 그랬더니 다락방 모임에 관심을 보였고, 바로 다락방에 참석하시게 되었습니다. 다락방은 잘 마쳤는지 궁금도 했는데, 순장 집사님께서 오후에 이런 메시지를 보내셨습니다.

"목사님, 오늘 다락방은 무사히 마쳤습니다. 뜬금없는 이야기처럼 들릴지 모르지만, 저는 원인이 밝혀지지 않은 첫 아이의 장애로 인해 둘째 아이를 가졌을 때, 임신 불안감이 컸습니다. 결국 이런 불안감 가운데 다락방에 처음 참석하게 되었고, 순장님과 순원들을 통해 많은 위로와 격려를 받고 힘을 얻어 그때의 어려움을 이겨 낼 수 있었습니다. 그런데 그 동안 미뤄 오던 순장 사역을 다움 교회에서 맡게 된 첫날, 15년

전 저와 똑같은 모습의 자매님을 만나게 하셨습니다. 아까 목사님이 소개해 주신 그 자매님이십니다. 과거에 제가 느꼈던 아픔과 고통을 똑같이 경험하고 있는 자매를 보며, 하나님의 계획하심에 소름이 돋을 정도로 놀라며 실감하는 하루였습니다. 15년 전 제가 임신 불안증에 고통하고 신음하고 있을 때 다락방 순장님과 순원들에게 받았던 위로와 사랑을, 이제 그 자매에게 돌려주고자 합니다. 위해서 함께 기도 부탁드립니다."

전도하고자 했던 사람을 아침에 만나게 하시고, 또 그분이 느끼는 고민과 아픔을 이해하고 섬길 수 있는 순장을 만나게 하시고, 그동안 미뤄 왔던 순장을 새롭게 시작한 첫날 사역해야 할 이유를 깨닫게 하신 하나님의 놀랍고 신비로운 계획하심과 인도하심을 맛보게 됩니다. 세워 갈 다움의 다락방이 날마다 이런 생명력이 넘치는 다락방이 될 수 있기를 기대하고 소망해 봅니다.

| 우리가 자랑해야 할 두 가지 |

사랑의교회에서 사역할 때였다. 당시 사랑의교회 30주년 행사가 있었는데, 옥한흠 목사님이 사랑의교회가 걸어온 길에 대해 이야기하며 두 가지를 말씀하셨다.

첫째는 하나님의 은혜였다. 지금의 사랑의교회가 있을 수 있었던 것은 옥한흠이라는 사람이 잘나서도 아니고, 사랑의교회 성도들이 잘나서도 아니고, 사랑의교회가 화려한 무엇인가를 가지고 있기 때문도 아니고, 오직 하나님의 은혜였다는 것이다. 하나님을 함께 예배하는 자리에서 받았던 은혜. 다락방과 훈련 등 형제들과 말씀을 나누며 받았던 은혜. 복음을 전하는 현장에서 받았던 은혜. 연약한 형제들과 이웃을 섬기는 자리에서 받았던 은혜. 고통과 고난의 현장에서 형제들과 함께 손을 잡고 기도하며 받았던 은혜. 이러한 은혜의 현장들이 있었기에 오늘의 사랑의교회가 있었다는 것이다.

인간적으로 생각해 보면, 30주년과 같은 날에는 과거 교회를 개척하다 고생했던 이야기도 하시면서 자기 자랑을 조금 해도 괜찮을 텐데, 오직 하나님의 은혜였다고 고백하는 모습에 많은 도전이 되었다. 교회의 생명은 결국 이런 은혜의 자리에 있는 것 같다. 교회가 생명력을 잃어 가는 이유는 바로 이런 은혜의 자리가 메마르기 때문이다. 달리 이야기하면 다른 것들이 부족해도 은혜의 자리가 있다면, 교회는 결코 생명력을 잃어버리지 않을 것이다.

둘째는 무명의 그리스도인들에게 진 빚이다. 이름도 없이 수고한 수많은 그리스도인들의 헌신이 있었기에 오늘의 사랑의교회가 있었다는 것이다. 평생을 가정부로 살면서 교회를 섬겼던 가족도 없어 옥 목사님 품에서 돌아가신 집사님. 젊은 나이에 몹쓸 병으로 죽어가면서도 교회에 한 약속을 대신 지켜 달라고 믿지 않던 남편에게 말하던 집사님. 죽음의 문 앞에서 사선을 헤매면서도 믿지 않는 직원의 전도를 당부하셨던 장로님 등. 이렇게 한 분 한 분의 이름을 언급하면서 이들에게 빚을 졌다고 말씀하셨다.

특히 "빚을 졌다."는 표현이 마음에 많이 남았다. 목회자가 가져야 할 마음의 자세가 무엇인지 많은 도전이 되었다. 그리고 그것이 주님의 마음일 것이라고 믿는다. 교회는 오늘도 보이지 않는 곳에서 헌신하는 무명의 그리스도인들에게 빚을 지고 있다. 그리고 언젠가 그날이 오면 교회의 머리이신 주님께서 자신이 빚을 졌다고 말씀하실 것이다. 그리고 주님의 마음에 담겨 있던 사람들의 이름을 하나씩 부르실 것이다. 우리가 알지 못했던, 세상이 주목하지 않았던, 보이지 않는 곳에서 하나님의 교회를 섬겼던 사람들의 이름을 한 명씩 부르며 칭찬하실 것이다.

교회를 개척하면서 우리 교회 역시 오직 하나님의 은혜와 무명의 그리스도인들의 헌신만이 아름답게 수놓아지길 꿈꿨고, 이 두 가지만을 자랑하는 교회가 되길 기도해 왔다. 기도한 대로 앞으로도 각자 하나님께서 주시는 은혜대로 섬기는 공동체가 되어 가길 소망해 본다.

제3부 훈련 공동체

훈련 공동체에 대한 비전은 개인적인 경험에서부터 시작되었다(그래서 이번 장에는 개인적인 이야기를 많이 하게 될 것이다). 비록 대학 때는 신학을 전공하지 않았지만 청년부에서 훈련을 받았고, 목회에 대한 소명을 확인한 후에는 총신대학교 신학대학원에 진학하게 되었다. 신대원 1학년 여름 방학 때 처음으로 사역을 시작한 곳이 사랑의교회 국제제자훈련원이었고, 교회를 개척하기 전까지 13년간 사역했다. 당시는 옥한흠 목사님이 사랑의교회를 은퇴하기 전이었고, 감사하게도 조금은 가까이서 제자훈련에 대해 배울 수 있는 기회를 얻었다. 또한 사랑의교회에서 10년간 제자훈련과 사역훈련을 담당하면서 훈련이 주는 유익이 얼마나 큰지 직접 체험할 수 있었다. 이를 통해 제자훈련 목회에 대한 확신을 갖게 되었고, 자연스럽게 제자훈련이라는 비전을 가지고 교회를 개척하게 되었다.

바울은 골로새에 있는 교회에 보낸 편지에서 이렇게 말한다.

우리가 그를 전파하여 각 사람을 권하고 모든 지혜로 각 사람을 가르침은
각 사람을 그리스도 안에서 완전한 자로 세우려 함이니 이를 위하여 나도
내 속에서 능력으로 역사하시는 이의 역사를 따라 힘을 다하여 수고하노라

_골 1:28-29

이 말씀에는 바울의 목회 철학이 담겨 있다. 1세기 인물들 중 인류 역사에 가장 깊은 영향력을 끼친 사람 중 한 명인 바울은 로마 전역을 다니며 복음을 전했고 하나님 나라를 위해 귀하게 쓰임받았다. 그런데 바울은 자신이 평생을 수고하고 애쓴 이유가 무엇인지 밝히고 있다. 그것은 한 사람을 그리스도 안에서 완전한 자로 세우기 위함이었다. 바울의 관심은 늘 한 사람에 맞추어져 있었으며, (그는 '각 사람'이라는 단어를 반복적으로 사용하고 있다.) 그의 사역의 핵심은 한 사람을 양육하여 성숙한 그리스도인을 만드는 것이었다.

이는 이 땅에 오신 예수님께서 보여 주신 모범에서 비롯된 것이다. 예수님은 세상을 구원하기 위해 이 땅에 오셨다. 그런데 이 목적을 이루기 위해 선택한 방법이 사람을 세우는 것이었다. 공생애의 대부분을 소수의 제자들을 양육하고 훈련하는 데 집중하셨고, 그들에게 모든 민족으로 제자를 삼으라고 명령하셨다. 세상적으로 보면 이는 굉장히 어리석어 보이는 것이었다. 갈릴리라는 변방에 있는 소수의 어부와 세리들에게 인류 구원이라는 위대한 사명을 맡기셨기 때문이

다. 하지만 그 결과는 예상과는 달리 놀라웠다. 제자들은 각지를 다니며 사람들을 제자 삼았고, 제자 된 그들 역시 또 다른 사람을 제자 삼게 된다. 이를 통해 복음은 전 세계로 퍼져 나갔고, 종교 발생지를 벗어나 전 세계적으로 영향을 미치는 거의 유일한 종교가 되었다. 따라서 우리 역시 예수님께서 보여 주신 모델을 따라 사람을 세우는 일에 집중할 수 있어야 한다.

제너럴 일렉트릭의 전 CEO였던 잭 웰치는 퇴임 10년을 앞두고 이렇게 말했다.

> 이제부터는 내 후계자를 선택하는 것이 내가 결정해야 할 가장 중요한 일이다. 나는 매일 이 일을 생각하면서 많은 시간을 보낸다.

잭 웰치는 무려 10년이라는 시간을 자신의 후임자를 세우는 데 투자하겠다는 뜻을 밝혔다. 그럼 이렇게 말한 이유는 무엇일까? 그만큼 사람을 세우는 일은 중요하기 때문이다. 아무리 좋은 환경과 시스템, 기술력을 갖춘다 해도 사람이 준비되어 있지 않다면 무용지물이 된다. 이 사실을 세계적인 기업을 이끈 경험 가운데 깨달았기에 이렇게 말한 것이다. 동시에 사람을 세우는 일은 오랜 시간과 노력이 필요함을 보여 준다. 그렇기 때문에 10년을 투자하겠다는 것이었다. 사실 사람이 중요하다는 사실을 모르는 사람은 없다. 그럼에도 불구하고 사람을 세우는 일에 집중하지 못하는 이유는 그만큼 많은 희생과 헌신이 따르기 때문이다.

사람을 세우는 일은 결코 쉽지 않다. 때로는 아무런 열매가 나타나지 않는 경우도 있다. 실제로 예수님을 따르던 열두 제자는 예수님께서 십자가에 달리시던 밤 모두 도망치고 말았다. 가장 필요한 순간에 아무도 예수님 곁을 지키지 못했다. 물론 훗날 회개하고 하나님 앞에 귀하게 쓰임받은 제자들도 있지만, 가룟 유다의 경우 끝내 회개하고 돌아오지 못하기도 했다. 바울은 어떤가? 바울의 영적인 아들인 디모데에게 쓴 편지에서 다음과 같이 말한다.

> 너는 어서 속히 내게로 오라 데마는 이 세상을 사랑하여 나를 버리고 데살로니가로 갔고 그레스게는 갈라디아로, 디도는 달마디아로 갔고 누가만 나와 함께 있느니라 네가 올 때에 마가를 데리고 오라 그가 나의 일에 유익하니라 _딤후 4:9-11

바울은 데마가 자신을 버리고 떠났다고 말한다. 한 사람을 세우기 위해 평생을 헌신한 노사도에게 이는 매우 고통스럽게 다가왔을 것이고, 자신은 실패자라는 느낌을 지울 수 없었을 것이다. 바울과 같은 사도가 경험한 일이라면 우리 역시 당연히 경험할 수밖에 없는 문제다. 그만큼 사람을 세우고 훈련시키는 일은 어렵고 때로는 열매가 없는 것처럼 느껴질 수도 있다. 그럼에도 불구하고 사람을 세우는 일에 집중하는 것은 하나님께서 교회에 맡기신 가장 소중한 사명이라는 확신 때문이다.

처음 교회에 나가기 시작한 것은 중학교 때였다. 당시 이모의 전도로 어머니가 교회에 나가기 시작했고, 나도 자연스럽게 어머니를 따라 교회에 나가게 되었다. 그렇게 신앙생활을 시작했고, 고등부 때는 학생회 임원을 할 정도로 열심을 냈던 것 같다. 특히 아직도 기억에 남는 건 고등학교 2학년 때 매 주일 오후에 서울역에 가서 사영리를 가지고 전도했던 일이다. 당시는 한창 놀기 좋아할 나이였는데 어떻게 매주 전도를 나갔는지는 지금도 알 수 없다.

이렇게 고등학교 때까지 열심히 교회를 다니다가 대학에 가서는 교회를 나가지 않게 되었다. 많은 젊은이들이 그렇듯이 인생의 진리를 찾아 방황했던 시기였다. 물론 당시에도 언젠가 교회에 돌아갈 것이라는 막연한 생각은 있었다. 그리고 대학 졸업을 앞두고 교회에 다시 출석하기 시작했다. 물론 다시 교회로 돌아왔지만 신앙생활에 적응하는 것은 쉽지 않았다. 예배 시간에는 집중도 안 되고, 그러다 보니 예배에 늦거나 빠지는 날들도 점점 많아졌다. 교회보다는 당구장이 훨씬 편한 시절이었다. 그때 도움을 주었던 사람이 청년부 새가족반 리더였다. 청년부 예배 시간에 내가 안 보이면 연락해서 교회에 나오도록 독려하고, 영적으로 성장해 갈 수 있도록 세심하게 도와주었던 것 같다.

나중에 목사가 된 후 당시 청년부 리더를 만날 기회가 있었고 고맙다는 말을 전할 수 있었다. 덕분에 예배 참석조차 힘들어했던 엉터리 신자가 목사가 되었다고 감사한 마음을 전했다. 그러자 오히려 자기가 고맙다고 말했다. 젊은 날 교회와 하나님 나라를 위해 헌신했지만 시간이 흐르면서 이런 헌신이 과연 의미가 있었을까 의문이 들기도 했는데, 나의 고맙다는 말에 젊은 날의 헌신이 무의미하지 않음을 발견하게 되었다는 것이다. 종종 사람을 세우는 일은 콩나무 시루에 물을 붓는 것에 비유된다. 시루에 물을 부으면 다 쏟아져 사라지는 것 같지만, 무의미해 보이는 이런 수고가 쌓여 결국 콩나물은 자라게 되는 것이다.

기독교 교육학자인 하워드 헨드릭스(Howard Hendricks)는 자신의 경험을 바탕으로 이렇게 썼다.

얼마 전 월트라는 사람이 필라델피아에서 세상을 떠났습니다. 월트에게는 가족이 있었지만 특별한 유명 인사는 없었습니다. 그는 염색공으로 일했기 때문에 가진 것이라고는 아무것도 없었습니다. 간단히 말해서 월트의 죽음은 인류 역사의 흐름에 잔물결 하나 거의 만들지 못했습니다. 그러나 믿거나 말거나 월트는 살아 생전에는 물론, 지금도 계속 그리스도를 위한 일에 깊은 영향력을 행사하고 있습니다.

월트가 젊었을 때 그는 소년들을 위한 주일학교 성경공부반을 시작했습니다. 그 반은 학생이 특별하게 많지는 않았으며, 그 교회도 특별히 주목할 정도로 성도가 많은 것은 아니었습니다. 하지만 13명의 월트 반 소년들 중 11명이 그리스도를 위해 전임 사역자가 되었고 그들 중 몇 사람은 여전히 오늘날에도 활동하고 있습니다. 내가 이렇게 자신 있게 말하는 것은 바로 내가 그들 중에 한 명이기 때문입니다.

하나님께서 가장 크게 사용하셨던 종들 중에서 많은 사람들이 무명으로 섬겼다는 것을 깨달을 필요가 있습니다. 가정에서, 공장에서, 빈민촌에서, 감옥에서, 길 없는 사막에서, 넓은 바다에서 … 그들의 공헌이 인류에 의해서는 기록되지 않을지 몰라도 하나님은 잊지 않으실 것입니다.

한 사람을 온전한 그리스도인으로 세우는 일은 결코 쉽지 않다. 하지만 이런 수고를 하나님은 결코 잊지 않고 열매 맺게 하실 것이다.

| 하나님의 목적 |

현대 기독교 지성을 대표하는 복음주의자요 신약 학자요 저술가인 존 스토트(John Stott)는 그의 마지막 책인 《제자도》에서 이렇게 말한다.

나는 어린 그리스도인이었던 나를(그리고 내 친구들을) 당황스럽게 했던 중요한 질문을 생생하게 기억한다. "자기 백성을 향한 하나님의 목적은 무엇인가?" "우리가 회심했다면, 그 다음에 해야 할 일은 무엇인가?"라는 것이었다.

물론 우리는 "사람의 제일되는 목적은 하나님을 영화롭게 하며 영원토록 그를 즐거워하는 것"이라는 웨스트민스터 소요리문답의 유명한 문구를 알고 있었다. 또 "하나님을 사랑하고 네 이웃을 사랑하라"와 같은 더 짧은 문구도 떠올렸다.

하지만 어느 것도 충분히 만족스럽지 않았다. 나는 이 땅에서 순례 여정의 끝이 가까워 오는 지금, 내 생각이 어디까지 이르렀는지 여러분과 나누고자 한다. 그것은, 하나님은 자기 백성이 그리스도처럼 되기를 바라신다는 것이다. 그리스도를 닮아 가는 것이 하나님의 백성을 향한 하나님의 뜻이다.

알래스데어 매킨타이어(Alasdair Macintyre)는 《덕의 상실》에서 어떤 것의 목적을 알지 못한다면 그것이 좋은지 나쁜지를 구별할 수 없다고 말한다. 예를 들어 시계 하나가 있다고 가정해 보라. 이 시계가 좋은 시계인지 나쁜 시계인지 어떻게 알 수 있을까? 만약 시계를 가지고 못을 박는다면 어떨까? 못도 박히지 않고 시계만 부서졌다면 이 시계를 "나쁜 시계"라고 말할 수 있을까? 그렇지 않다. 왜냐하면 못을 박는 것은 시계의 목적이 아니기 때문이다. 시계는 시간을 알려 주는 것이 목적이며, 따라서 이 목적에 따라 평가되어야 한다.

우리의 인생도 마찬가지다. 하나님은 우리를 지으셨고 우리를 부르셨다. 우리를 구원하셔서 자녀 삼아 주신 것이다. 그렇다면 우리를 지으시고 자녀 삼으신 목적은 무엇인가? 이에 대해 당신은 어떻게 답하겠는가? 마치 시계로 못을 박는 것처럼, 우리를 지으시고 부르신 하나님의 목적도 모른 채 스스로를 성공한 인생 혹은 실패한 인생으로 규정하며 살아가진 않는지 돌아볼 필요가 있다. 로마서 8장 29절에서는 이렇게 말한다.

> 하나님이 미리 아신 자들을 또한 그 아들의 형상을 본받게 하기 위하여 미리 정하셨으니 이는 그로 많은 형제 중에서 맏아들이 되게 하려 하심이니라
>
> _롬 8:29

바울은 하나님께서 "그 아들의 형상을 본받게 하기 위하여" 우리를 부르셨다고 말한다. 하나님은 우리가 존재하기 전부터 우리를 아셨다. 아셨을 뿐만 아니라 우리를 향한 계획과 목적, 기대를 갖고 있었다. 그것은 우리로 하여금 하나님의 아들이신 예수님의 형상을 본받게 하는 것이었다. 여기서 "형상을 본받는다"는 말은 우리의 인격과 삶이 예수님을 닮아 간다는 뜻이다. 또한 하나님은 자신의 목적을 우리 안에서 이루어 가신다. 고린도후서 3장 18절은 이렇게 말한다.

우리가 다 수건을 벗은 얼굴로 거울을 보는 것 같이 주의 영광을 보매 그와 같은 형상으로 변화하여 영광에서 영광에 이르니 곧 주의 영으로 말미암음 이니라 _고후 3:18

바울은 우리가 "주(예수님)의 영으로 말미암아 그(예수님)와 같은 형상으로 변화되고 있다."고 말한다. 이 땅에 오신 예수님은 또 다른 보혜사인 성령님을 보내겠다고 말씀하셨다. 예수님의 약속대로 믿는 순간 우리는 성령의 선물을 받게 된다. 성령님은 우리 안에 들어오셔서 우리가 그리스도를 닮아 갈 수 있도록 일하고 있는 것이다. 이에 대해 윌리엄 템플(Willam Temple)은 셰익스피어의 예를 들어 이렇게 설명한다.

내게 햄릿이나 리어 왕 같은 희곡을 주고 그런 희곡을 쓰라고 말하는 것은 아무런 소용이 없는 일이다. 셰익스피어는 할 수 있지만 나는 할 수 없다. 마찬가지로 내게 예수님의 삶과 같은 삶을 보여 주고 그렇게 살라고 하는 것은 아무런 소용이 없는 일이다. 예수님은 그렇게 살 수 있지만 나는 그렇게 살 수 없다. 그러나 셰익스피어의 재능이 내 속에 들어온다면 나도 그처럼 희곡을 쓸 수 있다. 예수님의 영이 내 속에 들어온다면 나도 그분처럼 살 수 있다.

우리를 향하신 하나님의 목적은 예수님을 닮아 가는 것이며, 성령님을 보내셔서 우리 안에서 이 목적을 이루어 가신다. 그리고 마침내 하나님의 목적은 성취될 것이다. 요한일서 3장 2-3절은 이렇게 말한다.

> 사랑하는 자들아 우리가 지금은 하나님의 자녀라 장래에 어떻게 될지
> 는 아직 나타나지 아니하였으나 그가 나타나시면 우리가 그와 같을 줄
> 을 아는 것은 그의 참모습 그대로 볼 것이기 때문이니 주를 향하여 이
> 소망을 가진 자마다 그의 깨끗하심 같이 자기를 깨끗하게 하느니라
> _요일 2:2-3

요한은 "우리가 그(예수님)와 같이 될 것"이라고 말한다. 하나님의 나라는 이미 임했지만 아직 완성되지 않았다. 언젠가 예수님이 다시 오시면 하나님의 나라는 완성될 것이다. 그리고 그날에 우리는 예수님의 참모습을 보게 될 것이다. 동시에 우리 역시 예수님처럼 변화하게 될 것이다. 이 소망이 있기에 우리는 오늘도 예수님을 닮아 가기 위해 노력할 수 있는 것이다. 존 스토트는 이렇게 결론 짓는다.

> 한 방향을 가리키고 있는 과거, 현재, 그리고 미래라는 세 가지 관점이
> 존재한다. 그것은 하나님의 영원한 목적(우리는 미리 정하심을 받았
> 다)과 하나님의 역사적인 목적(우리는 성령에 의해 변화되어 가고 있
> 다), 그리고 하나님의 최종적인 종말론적 목적(우리는 그분과 같이 될

것이다)이다. 이 모든 것이 그리스도를 닮아 간다는 한 가지 목적으로 함께 묶여 있다. 그리스도를 닮아 가는 것은 하나님의 백성을 향한 하나님의 목적이기 때문이다.

성경에 나타난 우리를 향하신 하나님의 목적은 우리가 그리스도를 닮아 가는 것이다. 그렇다면 우리는 어떤가? 그리스도를 닮아 가는 것이 각자의 삶의 목적이 되어 있는가? 날마다 그리스도를 닮아 가기 위해 구체적이고 실질적으로 노력을 하고 있는가? 혹시 그리스도를 닮아 가는 것이 관심 밖의 일이 되진 않았는지 정직히 돌아볼 필요가 있다.

성경은 "하나님은 우리를 사랑하신다"고 가르친다. 그런데 왜 하나님은 자녀 된 우리에게 역경을 허락하실까? 사실 고난의 문제만큼 이해하고 받아들이기 어려운 문제는 없다. 하지만 우리를 향한 하나님의 목적을 이해할 때 고난의 문제 역시 해답의 실마리를 발견할수 있다. 어렸을 때 아버지는 자전거 뒷자리에 자녀를 앉혀 태워 준다. 하지만 자녀가 성장하면 스스로 자전거를 타길 원한다. 물론 자전거를 타는 법을 배우는 것은 쉽지 않으며 때로는 다칠 위험도 있다. 그럼에도 불구하고 스스로 자전거를 타는 즐거움을 누리길 원하는 것이 아버지의 마음이다. 하나님도 마찬가지다. 하나님은 우리에게 그리스도를 닮아 가는 기쁨을 주시기 위해 잠시의 역경을 허락하시는 것이다. 이렇듯 하나님의 목적을 이해할 때 희미했던 인생의 많은 부분들이 해석되어지고 세상과 다른 관점을 가지고 이 땅을 살아갈 수 있다.

또한 우리가 그리스도를 닮아 가게 될 때 우리를 통해 하나님의 나라는 확장된다. 존 풀톤(John Fulton)은 《오늘날의 복음 전도》에서 이렇게 말한다.

가장 효과적인 선포는 자신이 말한 바를 그대로 구현해 내는 사람들의 선포다. 그들은 곧 그들이 전하는 메시지다. 그리스도인들은 그들이 말하는 것과 같은 모습이 되어야 한다. 소통하는 것은 무엇보다 사람이지 말이나 개념이 아니다. 진정성은 사람의 내면 깊숙한 곳으로부터 전달된다. 잠깐의 불성실로 인해 지금까지 소통을 위해 이루어 놓은 모든 것이 의심스러워질 수 있다. 기본적으로 소통은 진실한 인격으로 가능하다.

아는 집사님이 한 분 있다. 이 분의 경우 어려서부터 교회에서 성장했지만 젊은 날 신앙의 열심을 잃었다고 한다. 그런데 다시 신앙을 회복하는 계기가 있었다. 바로 순장(소그룹 지도자)님 때문이었다. 당시 다락방(소그룹)에서 산상수훈을 공부하고 있었는데, 순장님이 산상수훈에 나오는 말씀대로 살려고 애쓰는 모습이 느껴졌다고 한다. 그래서 자신도 순장님처럼 되고 싶다는 마음이 들었고 다시 신앙생활을 열심히 했다고 한다. 존 풀톤의 말처럼 사람을 움직이는 것은 말과 개념이 아니라 바로 사람이다.

이런 점에서 오늘날 복음 증거의 가장 큰 걸림돌은 우리 자신일지 모른다. 인도의 한 힌두교 교수는 이렇게 말했다. "그리스도인들이 예수 그리스도처럼 산다면 인도는 내일이면 너희 휘하에 있을 것이다." 또한 과거 무슬림이었던 어느 목사는 "모든 그리스도인이 그리스도인이라면 오늘날 이슬람은 없을 것이다."라고 말했다. 세상은 우리의 말이 아니라 우리의 삶을 주목한다. 우리의 모습 속에서 그리스도와 진리를 발견하길 원한다. 따라서 우리가 그리스도를 닮아갈 때 우리가 전한 메시지는 보다 강력하게 전파될 것이다.

물론 이것이 완벽하게 되리라는 의미는 아니다. 사랑의교회에서 사역할 때였다. 옥한흠 목사님이 65세에 조기 은퇴를 하셨고, 당시 사회적으로 큰 반향을 일으켰다. 법적으로 70세까지 목회를 할 수 있었고 교회에 어떤 문제가 있었던 것도 아니었다. 오히려 많은 성도와 목회자가 옥한흠 목사님을 존경하고 따를 때였다. 그런데 자신이 누릴 수 있는 권리를 당연한 것으로 여기지 않고 교회를 위해 내려놓았기에 많은 감동과 도전이 되었다.

이렇게 은퇴를 결정하고 마지막 순장반(소그룹 지도자 모임) 때였다. 옥한흠 목사님이 순장(소그룹 지도자)들에게 이렇게 질문했다. "옥한흠 목사가 평생을 제자훈련에 대해 이야기하고 예수님을 닮자고 주장해 왔는데, '옥한흠' 하면 예수님의 모습이 떠올려집니까?" 그러자 순장들이 아무 대답을 하지 않았다. 마지막 순장반이라 예의상이라도 그렇다고 답할 만한데 그러지 않았다. 그러자 옥한흠 목사님은 이렇게 다시 말씀하셨다. "제가 순장님들의 수준을 너무 낮게 생각했습니다. 질문을 바꿉니다. '옥한흠 목사' 하면 예수님을 닮아 가고자 노력하는 사람이라고 생각하세요?" 그러자 순장님들이 "예"라고 답하게 되었다.

중요한 것은 얼마나 노력하고 있느냐이다. 바울은 고린도교회 성도들에게 이렇게 말한다.

> 내가 그리스도를 본받는 자가 된 것 같이 너희는 나를 본받는 자가 되라
>
> _고전 11:1

바울은 그리스도를 본받으라고 말하지 않고 자신을 본받으라고 말한다. 자신이 그리스도를 닮아 가기 위해 노력한 것처럼 고린도교회 성도들도 자신과 같이 노력하길 원했던 것이다. 오늘날 우리가 전하는 많은 메시지들이 공허하게만 들리는 이유는 어쩌면 우리가 먼저 그

리스도를 닮아 가고자 노력하지 않기 때문일지도 모른다. 비록 여전히 불완전하고 부족함이 많지만, 예수님을 닮아 가려고 노력할 수 있어야 한다. 그럴 때 세상은 우리가 전하는 복음에 귀 기울이고 하나님 나라는 확장되어 갈 것이다.

| 하나님의 방식 |

그렇다면 어떻게 예수님을 닮아 갈 수 있을까? 예수님을 닮아 가는 일은 예수님을 믿는다고 저절로 이루어지지 않는다. 이를 위해서는 부단한 연습과 훈련이 필요하다. 바울은 영적인 아들인 디모데에게 보낸 편지에서 이렇게 말한다.

> 망령되고 허탄한 신화를 버리고 경건에 이르도록 네 자신을 연단하라 육체의 연단은 약간의 유익이 있으나 경건은 범사에 유익하니 금생과 내생에 약속이 있느니라 _딤전 4:7-8

바울은 영적 훈련의 필요성을 강조하기 위해 운동과 관련된 단어들을 종종 사용한다. 특히 연단(연습 또는 훈련)이라는 단어는 영적 성장이 우연히 이루어지지 않는다는 것을 보여 준다. 운동선수를 생각해 보라. 경기를 앞두고 얼마나 많은 연습과 훈련을 하는가? 영적 성장도 마찬가지다. 세계 복싱 챔피언을 지냈던 어떤 운동선수는 "챔피언은 링 위에서 결정되는 것이 아니다. 링 위에서 확인받을 뿐이다."라고 말했다. 링 아래에서 얼마나 열심히 훈련했는지에 따라 이미 승자가 결정되어 있다는 것이다. 우리는 어떤가? 어떤 연습과 훈련도 없이 링 위에 오르고 있지는 않는가? 아무런 연습과 훈련도 없이 막연히 이길 수 있다고 생각하고 있지는 않는가? 마치 운동선수가 시합을 앞두고 끊임없이 자신을 단련하는 것처럼 지속적으로 자신을 단련할 수 있어야 한다.

그런데 바울은 디모데에게 또 다른 부탁을 한다.

> 내 아들아 그러므로 너는 그리스도 예수 안에 있는 은혜 가운데서 강하고
> 또 네가 많은 증인 앞에서 내게 들은 바를 충성된 사람들에게 부탁하라 그
> 들이 또 다른 사람들을 가르칠 수 있으리라 _딤전 2:1-2

바울은 디모데를 "내 아들"이라고 부른다. 그만큼 디모데를 사랑하고 아끼고 있음을 보게 된다. 그런데 그런 디모데에게 무엇을 부탁했는가? 사람을 세우는 사람이 되라고 권한다. 그러면 디모데가 세운 사람들이 또 다른 사람들을 세워 가게 될 것이라고 말한다. 이것이 하나님의 방법이자 모험이다. 하나님은 우리가 그리스도를 닮아 가길 원하신다. 뿐만 아니라 그리스도를 닮아 가도록 다른 사람을 돕길 바

라신다. 먼저 제자가 되어 제자 삼는 사람이 되길 원하는 것이다.

미국의 청교도 작가 너새니얼 호손(Nathaniel Hawthorne)이 쓴 《큰 바위 얼굴》이라는 소설이 있다. 이 소설의 주인공 어니스트는 마을에 있는 바위산과 닮은 얼굴을 가진 위대한 인물이 등장할 것이라는 전설을 굳게 믿고 살아간다. 성공한 사업가, 군인, 정치가 등이 나타났지만, 이들은 큰 바위 얼굴의 인물과는 거리가 멀었다. 결국 전설에 등장하는 큰 바위 얼굴을 닮은 사람은 어니스트 자신임을 발견하게 된다. 큰 바위 얼굴을 날마다 바라보다 보니 닮아 간 것이다. '근묵자흑'(近墨者黑)이라는 말이 있다. 검은 먹을 가까이 하면 사람도 검은색으로 변한다는 의미로, 좋은 사람을 만나면 선해지고 나쁜 사람을 만나면 악해진다는 것이다. 결국 사람을 변화시키는 가장 강력한 도구는 사람이다. 이런 점에서 영적 성장과 성숙은 일종의 전염병이라고 할 수 있다. 사람에 의해 재생산되고 확산되는 것이다.

그런데 바울은 왜 디모데에게 사람을 세우라고 부탁했을까? 아들과 같은 존재였던 디모데에게 자신이 누렸던 기쁨을 누리길 원했기 때문이다. 인생의 참된 의미와 기쁨이 사람을 세우는 데 있음을 알려 주고 싶었던 것이다. 언젠가 우리는 하늘나라에 가게 될 것이다. 이 땅에서 이룬 성취와 성공, 이 땅에서 쌓은 재물 등 모든 것을 내려놓고 하나님 나라에 가게 될 것이다. 그런데 하늘나라에 가져갈 수 있는 것이 있다. 그것은 나 자신과 나를 통해 그곳에 가게 될 사람들이다. 그곳에서는 우리의 인격과 성품만이 빛나게 될 것이며, 그러하기에 그리스도를 닮아 가기 위해 노력하는 것이다. 또한 그곳에서 누군가가 다가와 "당신 덕분에 제가 이 곳에 올 수 있었습니다. 감사합니다. 당신 덕분에 제가 힘든 인생 여정을 견디고 이겨 낼 수 있었습니다."라고 말한다면 얼마나 기쁘겠는가? 그날이 되면 진정한 부자는 누구인지, 진정으로 의미 있는 삶을 산 사람이 누구인지 깨닫게 될 것이다.

우리 교회의 경우 개척 초기부터 제자훈련을 꾸준히 실시해 왔다. 개척 초기에는 할 일도 많았고 부교역자도 없이 혼자 감당하다 보니 매우 분주했다. 따라서 제자훈련을 위해 시간을 내는 것이 쉽지 않았다. 게다가 제자훈련의 경우 소그룹으로 진행되고 기간도 길었기에 비효율적으로 보일 수도 있었다. 하지만 한 사람의 영적 성장은 공장에서 제품을 찍어내듯이 이루어질 수 없다. 각자의 생각과 삶을 나누기 위해서는 소그룹 환경은 필수며, 사람의 변화는 짧은 시간에 이루어지지 않기 때문이다. 그래서인지 몰라도 첫 훈련생들이 수료했을 때는 기쁨이 남달랐던 것 같다. 수료식을 하는 날 어느 권사님이 "가난한 시골 집에서 자녀 대학 졸업을 시킨 기분이었다."고 하셨는데, 당시를 가장 잘 표현한 말이었다.

옥한흠 목사님이 은퇴 후 제자훈련 세미나를 인도하실 때였다. 자신의 목회에 대해 회고하시며 가장 행복한 순간이 언제였는지에 대한 말씀을 나누었다. 수만 명 앞에서 설교하거나 어떤 대단한 일을 성취했을 때가 아니라고 하셨다. 목회를 하면서 가장 행복했던 순간은 대여섯 명의 훈련생들을 모아 놓고 말씀 앞에 각자의 모습을 정직히 비춰 보며 이야기를 나누던 때였다고 하셨다. 이 말씀이 형식적인 것이 아니었음을 개척을 한 후에 많이 느꼈다. 분주하고 힘들었지만 훈련생들과 함께 말씀을 배우며 말씀대로 살고자 씨름하는 순간이 주는 특별한 은혜와 기쁨을 누릴 수 있었다.

이렇게 훈련받은 사람들은 주로 교회에서 순장(소그룹 리더)으로 사역을 한다. 그런데 훈련을 마친 후 순장으로 섬기는 것을 주저하는 경우가 있다. 여러 이유가 있지만, 자신이 속했던 다락방(소그룹)의 순장님처럼 섬길 자신이 없어 망설이는 것이다. 물론 훈련을 받았다고 반드시 순장으로 섬겨야 하는 것은 아니다. 은사에 따라 교회 내 다양한 사역에서 봉사하면 된다. 다만 개인적으로 사람을 섬기고 세우는 기쁨을 반드시 맛보면 좋겠다고 말씀드린다. 사람을 세우는 일만큼 가치 있고 기쁨을 주는 것은 없다. 제자 되어 제자 삼는 것이 바로 세상을 변화시키기 위해 하나님께서 택하신 방식이다.

처음 사랑의교회에서 제자훈련을 담당했을 때였다. 당시는 30대 초반의 젊은 나이였기에 장년 제자훈련을 맡는 것이 부담이 되었다. 신대원을 졸업했지만 목회 경력이 많았던 것도 아니고 인생 연륜이 깊었던 것도 아닌데 어떻게 성도들을 훈련시킬 수 있을지 고민이 되었다. 그럼에도 불구하고 처음 맡았던 제자반에는 은혜가 많았다. 그래서 동료 목회자와 제자훈련에 대해 나눌 때면 "1호점의 은혜"에 대해 이야기하게 된다.

그런데 이상하게도 "1호점의 은혜"는 지속되지 않는 것 같다. 식당도 2호점, 3호점이 생김에 따라 음식 맛을 유지하기가 쉽지 않은 것처럼, 훈련도 처음의 은혜가 사라지는 경험을 종종 하게 된다. 그럼 왜 이런 현상이 나타날까? 처음 제자훈련을 할 때는 모든 것이 미숙할 수밖에 없고, 자신의 미숙함을 알기에 오히려 하나님을 더욱 의지하게 된다. 그런데 제자훈련이 익숙해질수록 자신의 능력이나 경험을 조금씩 더 의지하게 되고, 결국 제자훈련의 은혜가 사라지는 것이다.

훈련을 통해 많은 사람들이 영적 성숙과 성장을 경험하게 된다. 그렇다면 어떻게 영적 성장과 성숙을 맛보게 되는 것일까? 그것은 우리가 행하는 무엇 때문이 아니다. 달리 말하면 인간의 노력은 수단일 뿐이며, 결국 사람을 성장시키고 변화시키는 것은 성령님이다. 인간 교사와 훈련 과정의 역할은 하나님께 더욱 가까이 나갈 수 있도록 돕는 것이지 변화 자체를 이끌어 내는 것이 아니다. 오히려 인간의 힘이나 노력으로 변화를 이끌어 내고자 할 때, 훈련은 기쁨이 아니라 짐이 되고 은혜가 아니라 율법이 되게 된다.

예수님은 포도나무와 가지의 비유에서 이렇게 말씀하셨다.

> 나는 포도나무요 너희는 가지라 그가 내 안에, 내가 그 안에 거하면 사람
> 이 열매를 많이 맺나니 나를 떠나서는 너희가 아무 것도 할 수 없음이라 …
> 너희가 열매를 많이 맺으면 내 아버지께서 영광을 받으실 것이요 너희는
> 내 제자가 되리라 _요 15:5, 8

가지가 열매를 맺기 위해서는 날마다 나무로부터 에너지를 공급받아야 한다. 그럴 때 가지는 자연스럽게 열매를 맺는 것이다. 결국 영적 성장과 성숙의 주체는 하나님이시며, 하나님을 가까이하고자 노력할 때 영적인 성장과 성숙을 맛보게 된다. 이러한 주체에 대한 분명한 이해는 우리를 겸손의 자리로 인도하며, 겸손함은 영적 성장과 성숙의 가장 중요한 토대가 된다.

개척 전에 집사님 한 분과 만나 예배에 대해 대화를 나눌 기회가 있

었다. 그런데 그 집사님이 이런 말씀을 하였다. "예배는 하나님을 향해야 하는데, 요즘은 하나님을 가리는 요소가 너무 많은 것 같습니다. 그래서 저는 예배당에 들어와 앉으면 눈을 먼저 감습니다. 그래야 하나님께 집중하게 되는 것 같습니다." 하나님께 집중하기 위해 강대상의 십자가조차 가리던 시절에 비하면, 오늘날 우리가 드리는 예배는 인위적인 요소들이 점점 더 많아지는 것이 사실이다.

예배나 훈련을 통해 우리는 여러 경험들을 한다. 때로는 하나님을 아는 지식에 대한 새로운 깨달음으로 감격에 빠지기도 하고, 때로는 우리의 마음을 만지시는 은혜를 맛보며 깊은 위로와 위안을 맛보기도 한다. 그리고 이런 경험은 우리의 예배와 훈련, 영적 성장과 성숙에 있어 매우 중요하다. 다만 기억해야 할 것은 이런 지적, 정서적 경험들은 예배와 훈련의 산물이지, 본질이 아니라는 점이다. 예배와 훈련을 통해 하나님께 집중했을 때, 하나님께서 주시는 값진 선물이지, 그것 자체가 목적이 되어서는 안 된다.

안타까운 현실은 우리가 이러한 예배나 훈련의 산물에 초점을 맞출 때가 많다는 것이다. 사람은 누구나 자신이 소중히 여기는 것을 예배한다. 달리 말하면 예배의 현장이야말로 내가 무엇에 가장 가치를 두고 있는지를 알 수 있는 자리다. 만약 우리의 예배가 예배의 유일한 대상인 하나님보다 사람의 감정을 소중히 여긴다면, 우리는 하나님이 아닌 사람을, 나 자신을 예배하고 있는 것일지 모른다. 예배가 예배자의 감정을 만족시키기 위해 준비될 때, 예배는 하나의 종교 행사가 되는 것이다. 이는 훈련도 마찬가지다.

우리 교회는 예배 시간 중 헌금 시간이 별도로 없다. 드리고 싶은 마음은 있으나 드릴 것이 없는 사람들에게 부담을 주지 않기 위함이었다. 또한 스스로 기쁘게 하나님께 드릴 줄 아는 성숙함이 우리 가운데 있길 바랐기 때문이다. 그런데 헌금 시간이 없을 뿐만 아니라 예배 전체가 매우 단순하다. 찬양과 기도, 말씀 외에는 다른 요소와 시간이 거의 없다. 때로는 이런 단순함이 전통적인 예배에 익숙해진 분들에게는 낯섦으로 다가올 수도 있을지 모른다. 이렇게 예배의 단순함을 추구하는 이유는 하나님께만 집중하기 위함이다. 창문은 창밖을 보기 위해 존재한다. 그런데 종종 창문 자체에 관심을 갖느라, 창밖을 보지 못하는 경우가 있다. 우리가 보아야 할 것은 창문이 아님을 잊지 말아야 한다. 이는 예배와 훈련을 비롯해서 교회의 모든 사역에 동일하게 적용되어야 할 것이다.

| 지식을 넘어선 성장 |

TV 토크쇼 계의 여왕이자 전 세계에서 가장 영향력 있는 인물 중 한

명으로 알려진 오프라 윈프리(Oprah Winfrey)는 자신의 저서 《내가 확실히 아는 것들》에서 이렇게 말한다.

> 나는 더 많은 부와 더 많은 일, 더 많은 재산 목록을 쌓아 왔다. 모든 것이 엄청난 속도로 불어나는 듯했다. 나의 행복만 제외한다면 말이다. 어째서 이렇게 수많은 선택권과 기회를 가진 내가 기쁨을 느낄 시간이 조금도 없는 사람들 틈에 끼게 된 것일까?

그녀는 자신이 엄청난 성공과 이에 따른 명예와 부를 얻었음에도 전혀 행복하지 않았다고 고백한다. 그렇다면 그녀는 왜 행복하지 않았을까? 그녀가 발견한 행복하지 않았던 이유는 자신의 삶 가운데 감사가 사라졌기 때문이라며, 자신이 인생 경험을 통해 배운 가장 확실한 교훈은 '감사의 가치'라고 결론짓는다. 성경은 범사에 감사하라고 가르친다. 사실 모든 일에 감사하는 것은 결코 쉬운 일이 아니다. 그럼에도 불구하고 감사를 강조하는 이유는 무엇일까? 그것은 우리에게 짐이나 부담을 주기 위함이 아니라, 오히려 우리의 유익을 위해서다. 감사를 잃어버릴 때 결국 삶의 기쁨을 빼앗기기 때문이다. 영적 성장과 성숙도 마찬가지다. 하나님은 당신의 자녀인 성도들이 영적으로 성장하고 성숙해지길 원하신다. 왜일까? 영적인 성장과 성숙이 주는 참된 기쁨과 만족이 있기 때문이다. 좋은 것을 주기 원하는 부모의 심정으로 우리가 영적으로 성장하고 성숙하기를 원하시는 것이다.

이런 점에서 영적 성장과 성숙은 의무나 책임이 아니라 우리의 특권이라고 할 수 있다.

오프라 윈프리는 감사의 가치를 깨달은 후 꾸준히 감사일기를 썼다고 한다. 매일 다섯 가지를 의도적으로 감사할 내용을 찾고 기록한 것이다. 좋은 날씨나 시원한 음료수를 마시게 된 것, 친구와 전화 통화를 한 것 등 아주 사소한 일에서부터 감사할 내용들을 찾고자 노력했다. 그 결과 잃었던 삶의 기쁨과 행복을 회복하게 되었다고 그녀는 강조한다. 사실 감사가 중요하다는 사실을 모르는 사람은 없다. 그러나 실제로 감사하는 사람은 적고, 감사가 습관으로 자리잡은 사람은 더욱 드물다.

오늘날 우리는 정보화 시대에 살고 있다. 다양하고 풍부한 정보를 제공하는 사람들과 서비스들이 점점 늘어가고 있으며, 스마트폰과 같은 개인 미디어의 보급으로 누구나 잠시의 검색만으로도 손쉽게 정보를 획득할 수 있다. 신앙도 마찬가지다. 다양한 설교와 강의를 원하면 언제든지 들을 수 있으며, 영적인 성장과 성숙을 위한 다양한 지식 역시 쉽게 얻을 수 있다. 다만 이런 정보를 습득하는 것만으로는 부족하다. 정보는 삶의 변화의 중요한 출발점이 되지만, 정보의 습득에서만 멈춘다면 영적 성장과 성숙을 맛보진 못할 것이다. 안타까운 것은 오늘날 '아는 것'에 멈추어 버린 신앙인들이 점점 많아지고 있다는 점이다.

누군가를 용서해 본 적이 있는가? 용서에 대해 말하고 가르치기는 쉽지만, 실제로 사소한 문제라도 누군가를 용서하는 것은 쉬운 일이 아니다. 따라서 용서를 실천해 본 사람은 용서에 대한 이해의 폭이 깊어질 수밖에 없고, 용서를 실천하지 않는다면 용서의 참된 의미를 발견하지 못할 것이다. 이런 점에서 참된 지식은 실천이 전제되어야 한다. 하나님으로부터 용서받았다는 사실에 대한 감사와 감격이 사라지는 이유 역시 우리가 용서를 실천하지 않기 때문일지 모른다. 진심으로 누군가를 용서할 때 우리가 얼마나 큰 사랑과 용서를 받게 되었는지를 깨닫게 되는 것이다. 교회도 마찬가지다. "교회가 어떠해야 하는지, 어떤 교회가 하나님께서 원하시는 교회인지"를 이야기하기는 쉽다. 하지만 실제로 그런 교회를 세워 가는 것은 결코 쉬운 일이 아니다. 그렇기 때문에 부족한 점도 많고 열매도 적어 보일지 모르지만, 교회를 세워 가려는 모든 도전과 노력은 칭찬받아 마땅한 것이다.

예수님은 요한복음 14장 21절에서 이렇게 말씀하신다.

> 나의 계명을 가지고 지키는 자라야 나를 사랑하는 자니 나를 사랑하는 자는 내 아버지께 사랑을 받을 것이요 나도 그를 사랑하여 그에게 나를 나타내리라 _요 14:21

예수님은 계명을 '아는 자'가 아니라 '지키는 자'가 나를 사랑하는 자라고 말씀하셨다. 하나님을 사랑한다면 그분에 대해 배워야 한다. 사랑하는 사람에 대해 알고 싶은 것은 당연한 현상이다. 다만 배우는 것에서만 멈춘다면, 소리 나는 구리와 울리는 꽹과리에 지나지 않는다. 진리는 삶으로 나타날 때 비로소 진리로서의 역할을 하게 된다. 그렇기 때문에 예수님은 계명을 가지고 지키는 자라야 나를 사랑하는 자라고 말씀하신 것이다.

제자훈련을 받던 남자 집사님이 있었다. 그런데 그분은 직장 내에서 상사로 인해 너무나 힘들어했다. 실제로 직장 내에서 일어난 이야기를 듣다 보면 납득하고 받아들일 수 없는 행동이 너무 많았다. 그런데 어느 날 집사님이 이런 말을 했다. "상사가 너무나 밉기는 한데, 제자훈련을 받으면서도 계속 미워하니까 마음이 편하지가 않더라고요. 그래서 상사를 위해서 기도하기로 했습니다. 빨리 승진해서 타부서로 가게 해 달라고 기도하고 있습니다." 이렇게 기도하니까 본인의 마음도 평안이 찾아오고 상사와의 관계도 잘 받아들이게 됐다고 한다. 그리고 실제로 연말에 상사는 승진이 되었고, 덕분에 집사님도 덩달아 승진이 되었다. 말씀대로 살고자 노력할 때 하나님께서 주시는 특별한 은혜가 있다.

그런데 말씀을 삶 가운데 적용할 때 주의해야 할 점이 있다. 그것은 실천 가능성이다. 많은 사람들이 말씀을 삶 가운데 적용하는 것을 어려워한다. 이유는 무엇일까? 우리 안에 있는 죄성과 게으름, 의지 부족 등 여러 가지 원인이 있겠지만, 그중 하나는 실패를 계획하기 때문이다. 예를 들어 하루에 10분도 기도하지 않던 사람이 갑자기 매일 새벽기도에 나가는 것이 가능할까? 불가능하다. 그런데 우리는 너무 자주 스스로 불가능한 계획을 세우고, 이로 인해 실패를 경험하고, 패배를 습관화하며, 말씀을 실천하기 어려운 과제로 만드는 것이다. 따라서 실천 가능한 작은 일 하나에서부터 계획하고 실천하는 습관을 갖는 것이 중요하다. 우리는 하루아침에 성인군자가 될 수 없다. 작고 사소한 변화를 삶 가운데 이루어 가는 즐거움을 누릴 수 있어야 한다.

대학 때 열심히 신앙생활을 했던 친구가 있다. 그 친구는 대학 졸업 후 교회를 잠시 떠나게 되었다. 막상 직장을 다니는데 자신이 대학 때 배웠던 것처럼 세상 속에서 구별된 삶을 사는 것이 힘들었다고 한다. 그래서 늘 교회에만 나오면 죄책감에 시달리게 되었고, 결국 교회를 안 나오게 되었다는 것이다. 목회자로서 안타까운 마음이 컸다. 나는 어떨까? 현실을 무시한 채 이상만을 가르치지는 않았는지, 그리고 무거운 짐을 사람들에게 지우고 있지는 않은지 돌아보게 되었다. 실패를 계획하고 사람들을 실패로 인도하는 목자는 아닌지 점검하게 되었다. 선배 목회자가 "황당하게 하지 말고 감당하게 하라."고 종종 말했는데, 어쩌면 우리의 모습일지 모른다는 생각이 들었다. 우리가 지향해야 할 목표는 분명하다. 하지만 그 목표까지 단기간에 이를 수는 없는 현실 역시 인정해야 한다. 아무리 사소한 것이라고 할지라도 조금씩 다르게 살고자 노력하는 것이 필요하다. 그리고 이런 노력이 쌓이다 보면 어느새 그리스도의 십자가 아래에 있는 자신의 모습을 발견하게 되는 것이다.

| 공동체 안에서의 성장 |

어렸을 때 배가 아프면 "엄마 손은 약손이다."라며 어루만져 주신 기억이 있을 것이다. 그런데 신기하게도 엄마가 배를 만져 주면 아픈 배가 낫곤 했다. 실제로 심장병 환자의 팔을 잡았을 때, 심장 박동 수가 낮아지고 리듬도 안정이 된다는 조사 결과가 있다. 이런 효과는 간호사가 외상을 입은 환자의 손을 잡아 줄 때도 동일하게 나타났다고 한다. 환자가 인공호흡을 받고 있었음에도 불구하고, 간호사가 손을 잡자 1분 동안 심장 박동 수가 30이나 낮아졌던 것이다. 그래서 야마구치 하지메와 같은 학자는 "터치는 통증보다 힘이 센 천연 진통제다."라고 말하기도 했다.

대체 의학 전문가 이병욱 박사는 그의 책 《울어야 삽니다》에서 눈물의 중요성을 강조한다.

> 저는 그동안 많은 암 환자들을 만나면서 많이 울고 크게 우는 환자들이 회복과 치유가 빠르다는 사실을 수없이 경험했습니다. 웃음 치료와 눈물 치료를 병행하는 가운데, 눈물 치료가 환자들에게 더욱 효과적이라는 사실을 체험했습니다. 웃음과 눈물은 놀라울 정도로 환자의 면역력을 높여 줍니다. 육신이 빨리 치유되고 질병의 고통이 훨씬 줄어듭니다. 암 환자들에게도 마찬가지입니다. 놀라운 것은 그 환자들이 인생을 새로운 눈으로 바라볼 뿐만 아니라 아주 긍정적인 시각을 가지고 질병과 고통을 이겨낸다는 사실입니다.

그는 오랜 임상 경험 속에서 눈물이 우리의 마음과 삶을 치유하는 신비한 힘을 갖고 있음을 발견하게 되었다. 그런데 안타까운 현실은 현대인들은 잘 웃지도 못하지만, 우는 것은 더 못한다는 것이다. 왜 우는 것이 어려울까? 함께 울어 줄 누군가가 없기 때문이다. 실패에 대한 대안으로 하나님은 공동체를 주셨다. 영적 성장과 성숙을 향한 여정은 결코 쉽지 않다. 때로는 실수하고 넘어질 때도 있다. 하지만 공동체 가운데 함께한다면 영적 성장과 성숙을 향한 여정을 지속할 수 있을 것이다. 안타까운 점은 오늘날 개인주의가 만연됨에 따라 공동체의 중요성이 점차 희석되고 있다는 점이다.

어렸을 때 일찍 아버지가 떠나시고, 어머니는 홀로 세 자녀를 양육하시느라 고생이 많으셨다. 그럼에도 불구하고 자녀들을 믿음 안에서 양육하고자 노력하셨다. 지금까지도 '어머니' 하면 떠오르는 이미지는 이른 새벽 부엌 한쪽 구석에서 기도하시는 모습이다. 그래서인지 몰라도 늘 존경하는 인물 중 한 자리는 어머니의 몫이다. 어머니의 헌신에도 불구하고 아버지의 부재는 삶에 많은 빈자리를 남겼고, "왜 내게?"라는 의문은 숙제로 남았었다. 안타깝게도 부모의 존재는 부재를 통해 가치를 깨닫게 되는 것 같다.

그런데 하나님은 내게 많은 만남의 축복을 허락하셨고, 이를 통해 상처를 치유해 주셨다. 처음 신앙생활을 시작한 교회는 노량진에 있는 강남교회였는데, 당시는 송태근 목사님이 담임하고 있었다. 송 목사님 덕분에 젊은 시절 가졌던 많은 인생의 의문에 대한 해답을 찾을 수 있었고, 신앙 인격 형성에도 깊은 영향을 받았던 것 같다. 신대원을 진학한 후에는 사랑의교회 국제제자훈련원에서 사역을 시작하게 되었는데, 많은 만남의 축복을 누렸다. 옥한흠 목사님은 물론, 김명호 목사님과 같은 선배 목회자 분들에게서 선한 영향을 받을 수 있었다. 목회 철학이나 방법론은 물론 목회자란 어떤 사람이며 어떻게 사역을 해야 했는지를 가까이서 볼 수 있었고, 덕분에 부족하지만 조금은 닮아 갈 수 있었던 것 같다. 돌이켜 생각해 보면 남들보다 신앙의 뿌리가 깊거나 특별한 능력이나 경력이 있었던 것도 아닌데, 부족한 자에게 과분한 은혜였던 것 같다. 훈련원에서 누린 또다른 만남의 축복은 한두 살 차이의 동료 목회자들이었다. 덕분에 선배 목회자들에게 배울 수 있는 것과는 또 다른 성장과 성숙의 기회가 되었다. 철이 철을 날카롭게 하듯이, 서로의 생각을 나누고 함께 사역하면서 많은 것을 배울 수 있었다. 때로는 부딪히기도 했지만 이 또한 성장의 중요한 동력이 되었다.

제자훈련도 마찬가지다. 제자훈련을 마친 후 인터뷰해 보면, 함께 훈련을 받았던 사람들에게서 받은 은혜가 무엇보다 컸다고 고백한다. 함께 훈련을 받는 집사님들의 모습을 보면서 삶의 도전도 받고, 서로를 위해 기도하면서 위로도 받았다는 것이다. 자녀들을 위해 기도할 때 좋은 친구를 만나게 해 달라고 기도하는 이유도 이 때문이다. 사실 부모나 선생님으로부터 받는 영향도 크지만, 친구들에게서 받는 영향도 적지 않고 때로는 더 큰 영향을 미치기도 한다. 훈련도 마찬가지다. 공동체는 영적 성장과 성숙에 있어서 필수이며, 만약 공동체가 속해 있지 않다면 실패를 계획하고 있는 것이나 마찬가지다.

최근에 〈나 혼자 산다〉라는 TV 프로그램이 인기를 끌고 있다. 이 프로그램은 혼자 사는 사람들의 싱글 라이프(sing life)를 담고 있는데, 개인주의가 만연하고 있는 우리 사회의 단면을 보여 주는 프로그램이라고 할 수 있다. 그런데 재미있는 것은 방송 초기에는 개인이 혼자 어떻게 일상을 보내는지 다루었는데, 점차 혼자 사는 개인이 어떻게 사람들과 어울려 지내고 있는지를 다루고 있다는 것이다. 심지어 프로그램 등장인물 사이에 '왕따' 논쟁까지 일어난 적이 있다. 혼자 사는 것을 지향하는 사람들의 이야기인데 함께 어울리지 않았다고 문제 삼는 것이다. 비록 개인주의가 만연되고 있지만 동시에 그만큼 공동체에 대한 갈증이 커짐을 보여 주고 있는 것이다. 따라서 앞으로도 공동체의 중요성은 더욱 강조될 것이다.

그럼 어떻게 공동체성을 회복할 수 있을까? 공동체성의 회복의 핵심은 소그룹이라고 할 수 있다. 소그룹 환경에서는 개인이 사라지지 않기 때문이다. 서로의 삶의 이야기를 나누며 서로를 위해 기도하고 한 사람에게 관심을 갖고 영적으로 돌보고 세워갈 수 있다. 그렇기 때문에 우리 교회의 경우 양육의 기본 단위이자 핵심은 다락방(소그룹)이며, 성도의 삶에서 소그룹은 선택이 아니라 필수라고 할 수 있다. 그런데 소그룹의 가장 중요한 요소가 있다. 그것은 소그룹 지도자다. 같은 환경, 같은 교재, 같은 시간에 모여도 소그룹 지도자가 누구냐에 따라 소그룹은 전혀 다른 모임이 된다. 지도자의 성향에 따라 단순한 친목 모임으로 끝나기도 하고 깊은 영적 교제를 나누기도 한다. 어떤 경우에는 세상의 모임보다 못한 경우도 있다. 따라서 소그룹 사역의 핵심은 리더 양성이며, 소그룹 지도자를 세우는 일에 무엇보다 집중할 수 있어야 한다.

어느 선교사님과 대화를 나누는데, 앞으로 우리 나라는 더 이상 직접적으로 선교사를 파송하기는 힘들 것 같다고 말씀하셨다. 그 이유는 과거에 비해 선교에 대한 열정이 식은 것도 있지만, 사회적으로 풍요로워졌기 때문이라고 하셨다. 낙후된 지역에 가서 적응하고 살기에는 생활 문화적 격차가 너무 커졌다는 설명이며, 현장에서 젊은 세대들을 보면서 더욱 실감하게 된다고 하셨다. 나만 봐도 '원두커피와 스마트폰 없이 일상 생활이 가능할까' 하는 생각이 드는 게 사실이다 (지금 이 글도 커피숍에서 쓰고 있다). 이는 단순히 선교만의 문제이기보다 신앙생활 전반에 생겨난 현상이다.

처음 신앙생활을 시작했던 강남교회는 북한에서 피난 온 성도들이 세운 교회였다. 고향 땅을 떠나 타지에 와서 살아가는 것이 결코 쉽지만은 않았다. 모두가 가난한 시절이었지만 더욱 배고프고 고달픈 시절이었다. 그래서인지 몰라도 교인들에게 가장 부러웠던 것은 장의자가 있는 교회였다고 한다. 당시에는 바닥에 거적을 깔고 예배를 드렸기 때문이었다. 이러한 형편 중에도 힘들게 벽돌을 한 장 한 장 모아 교회를 짓고 신앙생활을 해 왔다고 한다.

그럼 오늘날에는 어떨까? 천막을 칠 땅도 없지만, 만약 천막 교회를 한다면 사람들은 찾아올까? 아무리 천막 교회라고 해도 여름에 에어 컨은 있어야 하진 않을까? 그럼 그것이 과연 천막 교회일까? 실제로 허름한 지하 개척 교회에는 사람들의 발길이 잘 안 옮겨지는 것이 현실이지 않을까? 개척한 지 얼마 지나지 않아 어느 분과 대화를 나누는데 건물이 없는 교회는 사람들이 잘 안 온다고 말씀하셨다. 혹시 나중에 교회 건축이라도 하게 되면, 그때는 헌신을 해야만 하기에 부담스럽다는 말씀이다. 얼마나 신뢰할 만한 이야기인지는 모르겠지만, 요즘 시대의 분위기를 일정 정도 반영하고 있다는 생각이 들었다. 불편하거나 고생스러운 것보다는 편한 것을 선호하고, 헌신과 희생은 더 이상 매력적으로 들리지 않는 것이 우리의 솔직한 모습이다. 물론 이는 나쁜 것이라고 할 수는 없지만 과거 선배들에 비해 약한 신앙인이 되어 가는 것은 분명하다.

성경은 성도가 어떤 존재인지를 가르쳐 주는 두 가지 상반된 이미지를 제공한다. 하나는 신부이고, 다른 하나는 군사다. 바울은 고린도 교회에 보낸 편지에서 이렇게 말한다.

> 내가 하나님의 열심으로 너희를 위하여 열심을 내노니 내가 너희를 정결한 처녀로 한 남편인 그리스도께 드리려고 중매함이로다 _고후 11:2

바울은 우리를 그리스도의 신부로 묘사한다. 당시에는 약혼을 먼저 한 후 신랑 신부는 각자 집으로 돌아가 1년 정도 결혼 준비를 한 후, 준비가 마쳐지면 신랑이 신부를 데리러 와서 결혼 예식을 치렀다(여기서 약혼은 매우 구속력이 강한 것으로, 오늘날로 말하면 혼인신고나 마찬가지다). 이 땅에서 살아가는 성도는 다시 오실 신랑 되신 예수님을 기다리는 신부와 같은 존재이다. 예수님의 신부가 되었다는 사실만큼 감격스러운 일은 없다. 신부의 이미지는 우리가 받은 특권이 무엇인지를 잘 보여 주는 이미지라고 할 수 있다.

예전에 〈파리의 연인〉이라는 드라마를 본 적이 있다. 이 드라마는 시청률이 50%가 넘을 정도로 인기를 끌었다. 재벌 2세와 평범한 여인의 사랑을 다룬 이 드라마에서는 이런 장면이 나온다. 남자 주인공의 친구들이 모인 자리에 여자 주인공이 동석하게 되었다. 그런데 여자 주인공은 남자 주인공이 자신의 애인임을 밝히지 못한다. 그러자 남자 주인공은 나중에 화가 나서 "왜 말을 못하냐?", "자신이 남자 친구라고 왜 말을 못하냐?"라고 화를 낸다. 그러자 여주인공이 이렇게 답한다. "이 꼴을 하고 어떻게 그래요. 저런 사람들 틈에서 어떻게 그래요. 그러면 당신의 입장은 뭐가 돼요." 여주인공은 남자 주인공과 어울리지 않는 자신의 모습으로 인해 그런 말을 할 수 없었다고, 남자 주인공에게 미안해서 그렇게 말할 수 없었다는 것이다. 우리는 어떤가? 예수님은 우리의 신랑이 되었다고 하신다. 이 드라마의 여주인공처럼 반응을 보여야 정상이 아닌가? 자격도 없는 우리가 예수님의 신부가 되었다는 것이 얼마나 놀라운 은혜이고 축복인지 알아야 한다.

그런데 바울은 영적인 아들 디모데에게 보낸 편지에서 또 다른 이미지를 제시한다.

> 네가 그리스도 예수의 좋은 군사로 나와 함께 고난을 받을지니 군사로 다니는 자는 자기 생활에 얽매이는 자가 하나도 없나니 이는 군사로 모집한 자를 기쁘게 하려 함이라 _딤후 2:3-4

바울은 디모데에게 그리스도의 좋은 군사가 되라고 말한다. 군사가 되어 자신과 함께 고난을 받자고 권면한다. 하나님은 자격 없는 우리를 불러 그리스도의 신부로 삼아 주셨다. 언젠가 신랑 되신 예수님은 다시 오셔서 우리를 참된 기쁨이 가득한 하늘나라로 데려가실 것이다. 그때까지 우리는 이 땅에서 하나님께서 주신 소명을 이루어 가야한다. 그것은 그리스도의 좋은 군사가 되어 함께 고난을 받으며 하나님 나라를 세워 가는 것이다. 신부의 기쁨을 아는 사람이라면 그리스도의 좋은 군사가 되어 하나님을 기쁘시게 할 줄 알아야 한다. 우리가 누린 특권이 얼마나 귀한 것인지 깨달았다면, 소명의 삶으로 나타나야 하는 것이다. 이런 의미에서 이 땅의 성도의 삶을 가장 잘 보여주는 이미지는 '전투복을 입은 신부'가 아닐까 한다.

그렇다면 우리는 어떨까? 신부와 군사 어떤 이미지를 더 선호하는가? 신부의 특권만이 아니라 군사의 소명을 감당할 줄 아는 사람인가? 안타까운 점은 오늘날 점점 그리스도의 군사가 되어 함께 고난을 받는 것이 더 이상 환영받지 못하고 있다. 이는 훈련도 마찬가지다. 훈련은 분명 개인의 영적 성장과 성숙에 유익하다. 훈련을 통해 받는 은혜도 크다. 하지만 훈련을 통해 은혜를 받았다면, 소명으로 나타나야 한다. 얻기 위해 훈련을 받는 것이 아니라 주기 위해 훈련을 받아야 하는 것이다. 예배도 마찬가지다. 예배를 통해 우리는 하나님의 임재를 경험하고 하나님께서 주시는 기쁨을 누리게 된다. 하지만 예배 역시 삶이라는 소명으로 이어져야 한다.

교회를 개척한 후 얼마 지나지 않을 때였다. 어느 집사님과 식사 교제를 나누는데 헤어질 때쯤 이런 말씀을 하셨다. "목사님, 제 장례 예배는 목사님이 인도해 주십시오." 개척 교회이고 부족한 점도 많고 그래서 이런 것들이 있으면 좋겠다고 말하기 쉬운 것이 현실인데, 어렵고 힘들지만 끝까지 교회를 세우고 지켜 가겠다는 마음을 이렇게 표현한 것이었다. 그래서인지 몰라도 그때 집사님의 말이 너무나 큰 위로와 힘이 되었다. 처음 개척을 결심할 때였다. 선배 목사님에게 개척을 결심했다고 소식을 전했다. 그러자 "어려운 결정을 내려야 할 때에는 내가 손해 보는 쪽으로 선택하라는 말이 있다. 힘내자."라고 답신을 주셨다. 손해 보는 쪽을 선택하는 것이 목회자의 길이고 성도의 길이라고 어려서부터 배웠는데, 많이 잊고 있었다는 생각이 들었다. 우리는 그리스도의 좋은 군사로 부름받은 사람들이다. 그런데 우리 자신부터 많이 잊고 살지는 않은지 돌아보게 되었다.

남자 제자반을 인도할 때였다. 그리스도인의 언어 습관에 대해 배울 때 가족 구성원들에게 자신에게서 듣기 싫은 말 5가지씩 조사해 오도록 과제물을 냈다. 가정에서 자신의 언어 습관을 객관적으로 점검하기 위함이었다. 그런데 회사를 운영하는 한 집사님이 전 직원들에게 메일로 자신에게서 듣기 싫은 말이 있다면 답신을 보내 달라고 했다. 그러자 나중에 회사에서 '사장님이 요즘 좀 이상해졌다."는 소문이 났다고 한다. 듣기 싫은 말을 적어 보내라고 말하기는 쉽지 않기 때문이다. 그런데 세상이 보기에 어리석어 보이고, 이상해 보이고, 손해 보는 것이 그리스도의 삶의 본질이 아닐까 한다.

처음 교회를 개척할 때 성도들과 많이 나누었던 이야기 중 하나는 불편한 교회가 되자는 것이었다. 그래서 처음 주중 모임 공간을 생겼을 때도 안락함과 편안함을 주는 공간이 아니라 좁고 불편한 공간이 되면 좋겠다고 나누었다. 공간뿐만 아니라 여러 면에서 의도적으로 불편함을 추구하는 교회가 되길 원했다. 우리는 군사로 부름받은 존재임을 잊지 않기 위함이었다.

| 한 사람의 마음 |

누구나 그렇겠지만, 저도 오래 살고 싶습니다. 실제로 아주 오래 사는 사람도 있습니다. 그러나 이제는 수명에 연연하지 않습니다. 그저 하나님의 뜻을 행하기를 바랄 뿐입니다. 하나님께서 저를 산에 오르게 하셨습니다. 산 위에서 저 너머 약속의 땅을 바라보았습니다. 저는 여러분과 함께 그곳에 들어가지 못할지도 모릅니다. 하지만 저는 우리가 한 백성으로 약속의 땅에 들어갈 것이라는 사실을 이 밤에 여러분께 알려드리고 싶습니다. 그래서 오늘 밤, 저는 행복합니다. 아무것도 걱정하지 않습니다. 누구도 두렵지 않습니다. 내 눈은 이미 다시 오시는 영광의 주님을 보았습니다.

마틴 루터 킹(Martin Luther king) 목사가 저격당하기 전날 밤, 멤피스에서 한 마지막 연설 중 일부다. 킹 목사는 평생을 인종 차별을 없애기 위해 헌신했다. 오늘날 미국 정부는 킹 목사를 기념하는 날을 정해 그에게 경의를 표하고 있다. 하지만 그가 생존했을 당시에는 어떤 것도 거의 이루지 못했다. 그래서 많은 이들은 그를 조롱하듯이 이렇게 말하곤 했다. "킹 목사, 당신이 애써서 뭐 하나라도 인종 차별이 사라진 것이 있으면, 제발 말 좀 해주시오!"

그럴 때마다 킹 목사는 이렇게 답하곤 했다.

여태까지 내가 없애 온 차별은 오직 몇몇 사람들 마음속에 있는 차별들
이라고 생각합니다."

궁극적으로 자신이 해야 할 일은 사람들의 마음을 바꾸는 것임을 그
는 알고 있었다. 법률로 흑인들을 차별하지 못하도록 막을 수는 있지
만, 다른 피부색을 가진 사람을 서로 용서하고 사랑하도록 만들지는
못하기 때문이다. 진정한 의미에서 킹 목사가 싸웠던 곳은 법정이 아
니라 인간의 마음이었다. 미국의 인권 운동을 이끌었던 지도자였지
만, 평생을 걸쳐 그가 한 일은 몇몇 사람들의 마음에서 선입견과 차
별을 없애는 것뿐이었다고 고백한다.

예수님께서 이 땅에 오셔서 하신 일은 무엇인가? 우리 주님은 엄청난
무리나 군중을 이끌지 않으셨다. 대단한 운동이나 조직을 만들지도
않으셨다. 기록에 남을 만한 건물이나 기념비를 남기지도 않으셨다.
열두 명의 제자들 마음에 자신을 심었을 뿐이다. 소수의 교육받지 못
한 어부와 세리들의 마음에 복음과 진리를 심었을 뿐이다. 그리고 그
들에게 온 세상을 맡기셨다. 그 결과 유진 피터슨의 말처럼, 예수님
은 자기 시간의 90퍼센트를 열두 명의 유대인에게 투자하여, 온 세상
모든 사람에게 다가갈 수 있었다.

하나님은 우리에게 대단한 무엇인가를 하기를 바라지 않으신다. 우

리가 대단한 어떤 사람이 되길 바라지 않으신다. 다만 내가 서 있는 이곳에서 주님께서 맡기신 한 사람을 주목하길 원하신다. 그 사람의 가슴에 그리스도를 심기 위해 노력하길 원하신다. 우리가 한 사람을 주목할 수 있을 때, 우리 역시 킹 목사처럼 어떤 상황 속에서도 두려워하거나 낙망하지 않고 기쁨과 행복을 누리며 우리에게 주어진 소명을 감당할 수 있을 것이다. 언젠가 주님을 만나게 될 그날, "주께서 맡기신 한 사람의 마음에 그리스도를 심었을 뿐입니다."라고 고백하길 소망해 본다.

아래는 제자훈련을 받았던 집사님이 쓴 글과 교회에서 진행하는 성경연구반에 방문했던 타 교회 성도들이 쓴 글 중 일부다.

성 금요일이 지나고 부활절을 앞둔 토요일 아침 새벽기도에서 '내게 있는 향유 옥합' 찬송을 부르며 눈가에 눈물이 고입니다. 지난 1년간 목사님을 통해 훈련받았던 사랑하는 우리 제자반 집사님들의 얼굴이 떠오르면서 오랜 시간 나누고 기도했던 여러 기도 제목들과 가족들 이름도 생각납니다. 이제는 내 식구같이 되어 버린 그 익숙한 이름들과 기도들이 제 입에 붙어 행여라도 교회에서 만나면 덥석 손을 잡고 인사를 나누면서 짧다면 짧고 길다면 긴 1년을 매주 말씀 공부와 예배, 다락방으로 만나 온 관계는 세상 어느 관계에서도 찾아볼 수 없는 하나님으로

묶인 특별한 관계임을 느끼고 고백하게 됩니다.

사실 총무로서 부담이 컸고 더구나 제자반 1기이기에 시작할 때부터 염려와 걱정이 밀려 왔지만, 하나님께서 각자를 만져 가시는 과정이 놀라웠습니다. 물론 힘든 시간들도 있었지만 한 사람 한 사람에게 다가가셔서 때를 따라 주시는 은혜와 인도로, 가장 합당한 곳으로 이끌어 응답해 주시는 신실하신 하나님을 함께 찬양하면서 그 기쁨을 같이 나눌 수 있어 감사했고 또 감사했습니다. 하나씩 기도의 열매를 맺어 갈 때마다 당사자인 집사님들 이상으로 뛸 듯이 기뻤고 그 힘 주심으로 지치지 않고 나아갈 수 있었습니다. 정말 하나님은 놀라우신 기획자이시자 연출가이십니다. 아마 드라마를 쓰셨다면 대박 드라마가 나왔을 것 같습니다.

제 개인적인 이야기를 해야겠습니다. 유학 중인 제 큰 아들이 가장이자 학생으로 공부 과정 중에 너무도 사건이 많았습니다. 순간순간 부딪힌 어려운 고비들을 은혜로 막아 주셨는데 겨우 한고비 넘기면 더 큰 사건이 생기는 겁니다. 그 와중에 중요한 일들을 앞두고 온 가족이 급히 서울로 나올 수 밖에 없는 상황이 생겨 하나님께 원망이 돌아가려는 순간, 전혀 생각지도 못했던 곳에서 인터뷰를 하게 되어 "아멘~!!" 하며 기쁜 마음으로 준비하고서 가게 되었습니다. 그런데 집을 떠나고 겨우 숨을 돌리는 순간 아들로부터 황급한 연락이 와서 보니, 기내에서 먹은 게 급체를 하여 다음 날 중요한 인터뷰를 앞두고 네 번이나 토하고 설사와 복통이 겹치는 기절초풍할 일이 벌어진 것입니다.

머릿속이 하애지면서 긴급 기도 부탁과 함께 그간 알고 있던 모든 급체에 관한 정보를 아들에게 전달하고 밤새 잠을 못 이루다 새벽에 조심스레 문자를 보냈는데, 할렐루야~! 우리의 작은 신음에도 응답하시는 참 좋으신 하나님께서 그 밤을 무사히 넘겨주시고 다행히 나갈 준비를 하고 있다는 대답이 왔습니다. 자식이 뭐지요 눈물의 기도로 낮아지고 낮아져서 더 이상 낮아질 수가 없을 때, 야곱이 형 에서를 만날 두려움에 혼자 남아 얍복강 나루에서 하나님의 사자와 밤새 씨름했던 것처럼, 저도 하나님의 옷자락을 붙들고 씨름을 했던 것 같습니다.

우리의 모든 계획과 달리 결국 아들은 그 힘든 밤을 보낸 후 인터뷰했던 곳, 여호와 이레의 하나님께서 계획하셨던 곳으로 결정이 되어 그곳에서 가족들과 새로운 미래를 펼쳐 나가게 되었습니다.

기드온에게 자신의 힘으로 된 것이 아님을 알려 주시고자 주변의 용사들을 다 떠나 보내시고 겨우 300명만 남기게 하셔서 승리 후 오롯이 그 싸움이 하나님께서 하신 것임을 깨닫게 하신 선하신 하나님께 감사를 드립니다. 또 인내와 순종으로 저를 이끄셔서 예수님의 마음을 조금이라도 알게 해주신 우리 하나님께서 야곱에게 약속해 주셨듯이 앞으로도 함께해 주시고 지켜 주시며 반드시 돌아오게 해주시고 하나님의 뜻을 이루기까지 절대로 떠나지 않으실 것임을 확신합니다. 영광의 하나님께 감사와 찬양을 올려 드립니다.

왠지 딱딱하게 들릴지 모르는 "성경연구반!"

이름과는 다르게, 생각을 하게 만들고, 깊은 여운을 남겨 주는 재미 있는 연구반입니다. "현실 세계에 부딪히며 살아야 하는 우리 성도들에게 그리스도인으로서 어떻게 살아야 하는가?"에 대한 답을 시원하게 풀어 주는 시간이었습니다. 특히 이번 모임에서는 "불변하시는 하나님께 왜 우리는 기도를 해야 하는가?"라는 난해한 질문 속에서 하나님은 우리의 기도를 통해 우리와 함께 일하길 원하시기 때문이며, 우리의 기도가 얼마나 중요한지도 깨닫게 되었습니다. 그리고 "피조물이 고대하는 바는 하나님의 아들들이 나타나는 것이니"라는 성경 말씀 속에서 나도 세상 속에 나갈 때 하나님의 훌륭한 자녀로 나타날 수 있도록 노력해야겠다고 생각했습니다.

그리고 이 좋은 성경 말씀이 더 알고 싶어졌습니다. 저처럼 성경 말씀도 잘 모르고, 믿음이 약한 사람들에게는 성경 구절 하나하나가 어렵고 이해가 잘 안되어 잘 읽어지지도 않는데, 이 시간은 현실 세계를 근거로 성경 말씀과 접목시켜 설명해 주시니 이해도 잘되고 이 시간이 참 재밌어 한 시간 조금 넘는 시간이 너무나 짧았습니다.

저는 교회를 다닌다고 하기에는 너무나 부끄러울 정도로 주일에 자녀와 함께 예배에 잠시 참석하고, 일주일을 성경말씀도 한 번 읽어 보지 않고, 무슨 일이 있을 때만 기도하는 불량 성도입니다.

저처럼 신앙이 약한 사람은 성경 말씀이나 설교 말씀이 어렵고 잘 들어오지 않습니다. 하지만 목사님 말씀은 세상 사람에 가까운 제가 왜 하나님을 믿어야 하는지, 그리고 어떻게 세상을 살아가야 하는지 성경 말씀을 통해 이야기해 주십니다. 그래서 이 시간을 허락해 주신 하나님, 그리고 초대해 주신 선생님, 몸과 마음에 쏙쏙 좋은 말씀 들려주시는 목사님, 다음교회 성도가 아니지만 항상 반갑게 맞아 주시는 성도님들께 모두 감사드립니다.

아울러 평일 오전에 하는 이 성경공부 시간을 좀 더 주위에 알려 많은 사람이 함께할 수 있으면 좋겠습니다.

Epilogue
마지막 대화

옥한흠 목사님이 돌아가신 날이었다. 목사님의 소천 소식을 듣고 장례식장인 서울대병원으로 향했다. 외부 조문객이 도착하기 전에 사랑의교회 교역자들만 모여 예배를 드렸다. 장례 기간 중에 김영순 사모님은 공식적인 자리에서 어떤 말씀도 안 하셨는데, 이 때만큼은 잠시 말씀을 나누셨다. 옥한흠 목사님과 사모님 두 분이 함께 있을 때 옥 목사님이 자주 이런 말씀을 하셨다고 한다.

옥한흠이라는 사람이 과대평가되어 걱정이다. 하늘나라에 가면 상급이 적을까 걱정이다. 저 오지에서 이름도 없이 빛도 없이 사역하시는 선교사님이나 교회 기둥 뒤에서 남몰래 교회를 위해 기도하는 권사님보다 받을 상급이 없을까 두렵다.

꽤 오랫동안 여운이 남는 말씀이었다. 분명 사람들 앞에서 들으라고 하신 말씀이 아니라 두 분만 있을 때 나눈 대화이기에 진심이었을 것이다. 두 분만 있는데 굳이 생각에도 없는 말을 할 필요가 없기 때문이다. 아마도 이렇게 겸손한 마음으로 사역을 하니까 하나님께서 옥 목사님을 귀하게 사용하신 것이 아닐까 하는 생각이 들었다.

또한 옥 목사님의 말씀이 맞다는 생각이 들었다. "오늘 여기 내가 잠들다. 그날에 내가 누구인지 밝혀지리라"는 누군가의 묘비명처럼, 하나님 나라에 갔을 때 우리가 누구였는지 알게 될 것이다. 세상의 시각이나 판단과는 달리 하나님은 우리의 삶을 판단하고 평가해 주실 것이라고 믿는다. 그리고 그날의 평가는 우리의 생각과 많이 다를 것이다.

그날을 바라봄으로써 비록 힘들고 어렵지만 오늘도 교회를 세워 가기 위해 노력하는 모든 분에게 하나님의 은혜가 함께하길 기도드리며 글을 마치고자 한다.